2023—2024 年中国工业和信息化发展系列蓝皮书

2023—2024 年
中国原材料工业发展蓝皮书

中国电子信息产业发展研究院 编 著

秦海林 主 编

肖劲松 张海亮 副主编

電子工業出版社·

Publishing House of Electronics Industry

北京·BEIJING

内 容 简 介

本书从综合、行业、区域、园区、企业、政策、热点、展望八个角度，密切跟踪了 2023 年我国原材料工业的重点、难点和热点情况，并对 2024 年我国原材料工业的发展趋势进行了预测分析，全书遵循了赛迪智库原材料工业发展蓝皮书的一贯体例，共八篇三十章内容。

本书可为政府部门、相关企业及从事相关政策制定、管理决策和咨询研究的人员提供参考，也可供高等院校相关专业师生及对原材料工业感兴趣的读者学习。

图书在版编目（CIP）数据

2023—2024 年中国原材料工业发展蓝皮书 ／ 中国电子信息产业发展研究院编著 ；秦海林主编. -- 北京 ：电子工业出版社，2024. 12. -- ISBN 978-7-121-49384-3

Ⅰ．F426.1

中国国家版本馆 CIP 数据核字第 2024CV6789 号

责任编辑：许存权　　文字编辑：康　霞
印　　刷：中煤（北京）印务有限公司
装　　订：中煤（北京）印务有限公司
出版发行：电子工业出版社
　　　　　北京市海淀区万寿路 173 信箱　　邮编：100036
开　　本：720×1 000　1/16　印张：12.5　字数：280 千字　彩插：1
版　　次：2024 年 12 月第 1 版
印　　次：2024 年 12 月第 1 次印刷
定　　价：218.00 元

凡所购买电子工业出版社图书有缺损问题，请向购买书店调换。若书店售缺，请与本社发行部联系，联系及邮购电话：（010）88254888，88258888。
质量投诉请发邮件至 zlts@phei.com.cn，盗版侵权举报请发邮件至 dbqq@phei.com.cn。
本书咨询联系方式：（010）88254484，xucq@phei.com.cn。

前 言

　　原材料工业是实体经济的根基，是支撑国民经济发展的基础性产业和赢得国际竞争优势的关键领域，是产业基础再造的主力军和工业绿色发展的主战场。2023 年，在面临下游市场需求不足，市场竞争加剧的不利局面下，原材料工业深入贯彻落实党中央、国务院决策部署，坚持稳字当头、稳中求进，发挥原材料行业稳定工业经济大盘的"压舱石"作用，推动原材料工业高端化、绿色化、合理化、数字化、安全化发展，为制造强国和网络强国建设提供高质量的原材料支撑。

　　（一）全行业经济运行保持平稳。为落实党中央、国务院关于稳增长的一系列决策部署，促进原材料行业平稳运行，加快高质量发展，2023 年 8 月，工业和信息化部联合国家发展改革委、商务部等 11 个部门，发布了石化化工、钢铁、有色金属、建材四个行业稳增长工作方案，为促进原材料工业平稳运行，加快高质量发展做出进一步部署，为我国经济稳定向好筑牢根基。

　　（二）产业结构持续得到优化。2023 年，面对市场需求减弱、供需矛盾失衡、经济效益下滑等困难和挑战，原材料工业企业坚持完整、准确、全面贯彻新发展理念，攻坚克难、积极应对，推动产业结构持续优化，发展动能不断增强。新材料占原材料工业比重超 15%，绿色建材营业收入同比增长 20%

以上，新的经济增长点正在加速形成。金属玻璃制品制造、玻璃纤维增强塑料制品制造、防水建筑材料制造、轻质建筑材料制造等保持较好增长态势，利润同比增长均在两位数以上。

（三）绿色低碳发展取得新成效。2023 年，原材料工业继续探索绿色低碳发展新模式。绿色建材下乡活动深入实施，试点地区拓展至 12 个省份，11 月，按照《中共中央 国务院关于完整准确全面贯彻新发展理念做好碳达峰碳中和工作的意见》部署，为进一步加快绿色建材产业高质量发展，工业和信息化部起草了《绿色建材产业高质量发展实施方案（征求意见稿）》，指导未来三年乃至更长一段时间推进绿色建材产业高质量发展，为加快推进新型工业化提供有力支撑。2023 年绿色建材营业收入超过 2000 亿元，同比增长约 10%，培育了 9 个绿色建材国家新型工业化产业示范基地。

（四）数字化转型取得新进展。原材料工业是典型的流程制造产业，"天生"具备可通过发展数字化、智能化实现生产过程全局优化的"特性"。2023 年，原材料行业持续推动钢铁、建材、有色金属、石化化工等行业数字化转型，11 月，工信部原材料工业司发布 2023 年 50 个建材工业智能制造数字化转型典型案例，涵盖单项应用、工业互联网场景、数字矿山、系统解决方案、智能工厂、智能装备、智能制造创新平台等方向，推动建材工业与新一代信息技术在更广范围、更深程度、更高水平上实现融合发展。

展望 2024 年，世界经济增长动能不足，地区性热点问题频发，外部环境的复杂性、严峻性和不确定性上升，但我国经济发展面临的有利条件强于不利因素，经济回升向好、长期向好的基本趋势没有改变。国内宏观政策加力增效、新动能加速培育、改革红利加快释放、开放红利加速显效、产出缺口加快回补，支撑我国经济稳定增长。原材料行业要坚持以习近平新时代中国特色社会主义思想为指导，全面贯彻党的二十大精神，坚持稳中求进工作总基调，统筹发展和安全，统筹扩大内需和深化供给侧结构性改革，统筹国际国内两个市场、两种资源，着力营造公平竞争市场环境，不断激发市场主体活力；着力巩固去产能成果，保持供需动态平衡；着力扩大有效供给，积极拓展应用市场；着力加快技术改造，推进绿色智能转型；着力深化开放合作，推进更高水平互利共赢，努力实现质的有效提升和量的合理增长，为国民经济平稳健康发展提供有力支撑。

中国电子信息产业发展研究院材料工业研究所从综合、行业、区域、园区、企业、政策、热点、展望 8 个角度，密切跟踪了 2023 年我国原材料工业的重点、难点和热点，并对 2024 年我国原材料工业发展趋势进行了预测分析；在此基础上组织编撰了《2023—2024 年中国原材料工业发展蓝皮书》，该书遵循了年度"中国原材料工业发展蓝皮书"的一贯体例，共八篇三十章。

综合篇。介绍 2023 年全球及中国原材料工业发展状况。

行业篇。在分别分析 2023 年石化化工、钢铁、有色金属、建材、稀土五大行业运行情况的基础上，结合国家战略和国内外宏观经济发展形势，对 2024 年各行业的走势进行判断，并指出行业发展中需要关注的重点问题。

区域篇。着重介绍了 2023 年东部、中部、西部及东北地区的原材料工业发展状况，指出四大区域原材料工业发展的差异、特点及存在的问题。

园区篇。归纳了石化化工、钢铁、有色金属、建材、稀土等行业的重点园区发展情况，分析了园区的基础设施建设情况、产业布局、园区内重点企业发展现状，并指出园区发展存在的问题。

企业篇。从企业基本情况、经营情况和经营战略三个方面对原材料行业代表性企业进行了分析。

政策篇。着重从宏观调控政策角度分析原材料工业的政策环境，并对与原材料工业发展密切相关的重点综合性政策、行业政策进行了不同维度的解析。

热点篇。归纳整理了 2023 年原材料行业发生的重大事件，如发布《2023 年度重点石化产品产能预警报告》和《钢铁行业数字化转型评估报告》等热点事件，分析其对原材料工业的影响。

展望篇。分析了 2023 年原材料工业的运行环境，预测了 2024 年原材料工业的总体发展形势，并进一步对原材料工业的细分行业发展形势进行了展望。

原材料工业门类众多，问题复杂，加之时间有限，书中难免有不妥之处，敬请行业专家、主管部门及读者提出宝贵意见。

中国电子信息产业发展研究院

目 录

区　域　篇

园 区 篇

企 业 篇

政　策　篇

热　点　篇

展　望　篇

综合篇

第一章

2023 年全球原材料工业发展状况

第一节 石化化工行业

一、市场供给

随着世界百年变局加速演进，全球经济复苏乏力，产业链、供应链加速重构，外部环境的复杂性、严峻性、不确定性上升。受俄乌冲突影响，能源价格居高位，通胀高企，再加上美联储持续加息，大宗商品和主要产品价格下跌，世界经济增速又走过了下滑的一年。据美国化学会（ACS）统计，2023年全球化工产品产量同比增长 0.3%，增长率明显低于 2022 年的 2.0%。

具体来看，2023 年我国主要化学品生产总量约为 7.2 亿吨，同比增长 6%，乙烯产量与 2022 年相比增长 6%，增速由负转正；合成树脂、合成橡胶、合成纤维等合成材料产量分别同比增长 6.3%、8.2%、9.8%；轮胎产量同比增长 15.3%；化学肥料总量（折纯）同比增长 4.42%。

2023 年美国化学工业供需两弱，较低的价格、萎缩的销量和较高的生产成本给石化化工企业带来巨大的经营压力。2023 年美国化学品产量由正转负，同比下降 1%。其中，特种化学品产量下降 1.2%；基础化学品产量下降 2.5%；石化品和有机中间体、合成橡胶和人造纤维的产量也出现下降，塑料树脂产量微增 0.5%。

2023 年欧盟化学品产量同比下降 7.6%，俄乌冲突之后，欧洲地区能源成本上涨，加之原料成本高昂，欧盟化工产品在全球市场上竞争力降低。其中，德国化学工业受到的冲击较为明显，德国化学工业协会对会员公司的一项调查显示，约 40% 的公司将在 2023 年和 2024 年减少在德国的投资。销量下降、销售价格下降和生产成本高企给化工企业带来了巨大压力。以巴斯夫为代表的德国化工企业，逐渐关闭本土化工工厂，加大在具有较低能源价格和较大消费市场的区域布局。

二、价格行情

2023年国际油价虽然总体小幅回落，但仍在高位震荡。如图1-1所示，2023年布伦特、中国大庆油价在65～97美元/桶区间宽幅震荡，全年均价分别为82.3美元/桶和77.7美元/桶，同比下降16.9%和17.6%。2023年上半年，受欧美通胀水平下降缓慢、美联储及欧洲央行持续加息影响，全球需求减弱，经济衰退风险概率增加，国际原油宽幅震荡走跌。尤其是3月份，欧美银行业危机爆发，进一步加剧了国际油价下跌。同时，石油输出国组织及其盟友（OPEC+）加强对油价进行预期管理，通过大规模减产对油价起到托底的作用，油价下滑态势趋缓。2023年7月到9月中上旬，在OPEC+继续降低产量的背景下，叠加美国进入成品油消费旺季，市场在供应紧张和需求旺盛的加持下，油价持续上涨，这波单边上涨行情主要集中在7月到9月中上旬。9月中下旬以后，市场又进入下跌通道，主因为美联储加息预期升温，以及高利率环境对经济带来实质性的压力，需求预期下降。同时OPEC+深化减产的力度并没有得到市场认可，油价展开下半年最大一波跌势。10月初，巴以冲突爆发，油价短期上涨，但依然没有挽回整体下跌颓势。

2023年化工市场走势起伏明显：1—3月高位震荡，随后4—6月持续下行、7—9月宽幅反弹，10—12月震荡下跌，呈现"大V"行情。以重要液体化工原料苯乙烯为例，如图1-2所示，苯乙烯现货价格呈现"振荡下跌-上涨-振荡回落"走势，其中，7月上行幅度最大，8月中旬中国主港现货价格一度上涨至1200美元/吨。在金联创监测价格的126个化工品种中，2023年均价上涨的有6个品种，占比4.8%；2023年均价下跌的有120个品种，占比95.2%。相比2022年、2021年和2020年的数据，在金联创监测价格的123个化工品种中，2022年均价上涨的有50个品种，占比40.65%，73个品种下跌，占比59.35%；2021年均价上涨的有119个品种，占比高达96.74%，仅有4个品种下跌；而2020年均价上涨的只有25个品种，下跌的却有98个品种。从四年的演变逻辑来看，2020年疫情突现，国际原油价格崩塌后逐渐回暖，化工大宗商品先跟随暴跌后小幅反弹；2021年在能源紧张，原油和煤炭价格一飞冲天的背景下，化工大宗商品快速大幅跟涨；2022年上半年原油价格飞升至100～120美元/桶高位，化工大宗商品再度跟随大涨，但下半年原油价格大幅回撤，化工品多数跟跌拖累市场；而2023年走出疫情后，

化工市场遭遇国内和国际弱需求冲击，三季度跟随原油短暂上涨后再度回落。

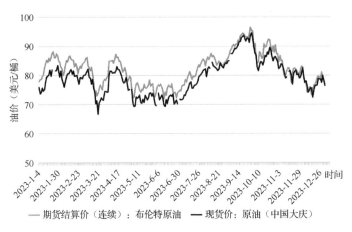

图 1-1　2023 年国际油价走势

（数据来源：Wind 数据库，2024 年 4 月）

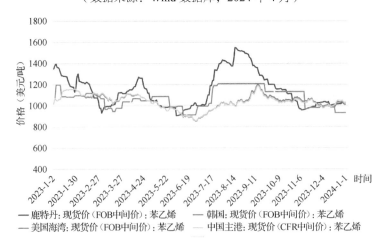

图 1-2　2023 年苯乙烯现货价格走势

（数据来源：Wind 数据库，2024 年 4 月）

第二节　钢铁行业

一、市场供给

据世界钢铁协会初步统计，2023 年全球粗钢产量达 18.88 亿吨，同比基本持平，扣除中国大陆产量后，全球粗钢产量约 8.69 亿吨，同比基本持平（见表 1-1）。

表 1-1　2023 年全球主要地区粗钢产量及同比增长率

主 要 地 区	粗钢产量/百万吨	同比增长率/%
欧盟	126.3	-7.4
俄罗斯和其他独联体国家及乌克兰	88.1	4.5
欧洲其他国家	41.7	-4.6
南美地区	41.5	-5.7
北美地区	109.6	-1.7
非洲	22.0	5.7
中东地区	53.2	1.3
亚洲和大洋洲	1367.2	0.7
以上 71 国总计	1849.7	-0.1
全球合计	1888.24	0.0

数据来源：世界钢铁协会，2024 年 5 月。

从各地区的粗钢产量来看，2023 年，亚洲和大洋洲粗钢产量累计约 13.7 亿吨，同比增加 0.7%，约占全球粗钢产量的 72.4%；欧盟粗钢产量累计约 1.3 亿吨，同比减少 7.4%，约占全球粗钢产量的 6.7%；南美地区粗钢产量累计 4150 万吨，同比减少 5.7%，约占全球粗钢产量的 2.2%；非洲地区粗钢产量累计 2200 万吨，同比增加 5.7%，约占全球粗钢产量的 1.2%；中东地区粗钢产量累计 5320 万吨，同比增长 1.3%，约占全球粗钢产量的 2.8%；俄罗斯和其他独联体国家及乌克兰粗钢产量累计 8810 万吨，同比增加 4.5%，约占全球粗钢产量的 4.7%。

从 2023 年全球粗钢生产国家和地区的产量排名来看，中国、印度、日本占据产量排行前三的位置，其中，中国粗钢产量约占全球粗钢产量的 54.0%（见表 1-2）。

表 1-2　2023 年全球粗钢产量排名前十位的国家和地区

排　名	国家或地区	粗钢产量/百万吨	全球占比/%
1	中国	1019.1	54.0
2	印度	140.2	7.4
3	日本	87.0	4.6
4	美国	80.7	4.3

排　名	国家或地区	粗钢产量/百万吨	全球占比/%
5	俄罗斯	75.8	4.0
6	韩国	66.7	3.5
7	德国	35.4	1.9
8	土耳其	33.7	1.8
9	巴西	31.9	1.7
10	伊朗	31.1	1.6

数据来源：世界钢铁协会，2024 年 5 月。

二、价格行情

2023 年全球钢材价格呈现 "N" 型走势，1—4 月份钢材价格上行，5—10 月份调整回落，年末回升。从国际钢材价格指数看，钢材综合价格指数 1 月末为 216，之后快速上行，在 4 月末达到 249.8，较 1 月上涨 33.8，涨幅为 15.6%，随后下跌，在 10 月末降到 195.5，较 4 月份下降 54.3，降幅为 21.7%，随后回升，到 12 月末综合指数为 218.7，较 1 月上涨 2.7。长材呈现震荡下行态势，1 月末价格指数为 239.9，之后价格下行，到 12 月末降到 213.8，较 1 月下降 26.1，降幅为 10.9%。板材价格指数走势同综合价格指数相同，1 月末价格指数为 204.1，随后价格上行，4 月末价格指数为 253.8，较 1 月上涨 49.7，涨幅为 24.4%，随后价格震荡下行，到 10 月末降到 189，随后价格震荡缓慢上行，到 12 月末达到 221.1，较 1 月上升 17，涨幅为 8.3%（见图 1-3）。

分地区来看，2022 年亚洲、北美地区和欧洲的钢材价格走势不尽相同。北美地区钢材价格整体呈现 "N" 型走势；欧洲和亚洲的钢材价格缓慢上升后在二季度回落，随后相对平稳运行。北美地区的钢材价格指数 1 月末为 218.4，随后上行，到 4 月末涨至 305.5，较 1 月上涨 87.1，随后下降，到 10 月末降到 211.3，随后回升，到 12 月末达到 270.3，较 1 月份上涨 51.9，涨幅为 23.8%。欧洲的钢材价格指数 1 月末为 249.8，随后缓慢上行，到 4 月末涨至 277.7，较 1 月份上涨 11.2%，随后下行，到 7 月末为 224.2，较 4 月下降 53.5，降幅为 19.3%，随后相对平稳运行，12 月末为 228.9。亚洲的钢材价格指数 1 月末为 195.9，随后缓慢上行，3 月末达到 210，随后缓慢下行，到 7 月末降至 180.8，随后震荡运行，到 12 月末为 182.7，较 1 月份下降约 6.7%（见图 1-4）。

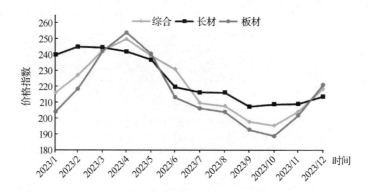

图 1-3　2023 年国际钢材价格指数运行态势图
（数据来源：Wind 数据库，2024 年 05 月）

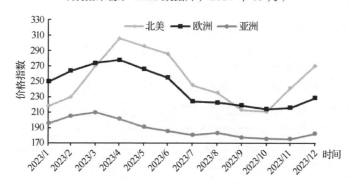

图 1-4　2023 年北美地区、欧洲、亚洲钢材价格指数运行态势图
（数据来源：Wind 数据库，2024 年 05 月）

第三节　有色金属行业

一、市场供给

（一）全球铜供应缺口收窄

国际铜业研究组织（ICSG）发布的数据显示，2023 年，全球精炼铜供应短缺 8.5 万吨，较上年短缺量减少 36.2 万吨。截至 2023 年年底，铜库存较上年末减少 0.2 万吨至 137.1 万吨。从供给看，2023 年全球精炼铜产量保持增加，生产精炼铜 2688.1 万吨，较上年增加 149.3.3 万吨，其中，中国、智利、刚果分别为 1227.7 万吨、204.9 万吨、207.5 万吨。从需求看，2023 年，全球铜消费量为 2696.6 万吨，较上年增加 113.1 万吨。图 1-5 是 2023 年全球精炼铜生产量占比情况。

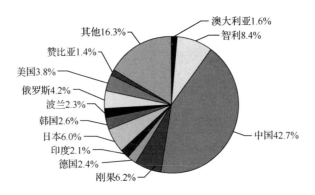

图 1-5　2023 年全球精炼铜生产量占比情况

（数据来源：ICSG，2024 年 5 月）

智利是全球第一大矿山铜生产国，自 2018 年以来产量持续减少，2023 年矿山铜产量下降至 533.0 万吨（见表 1-3）。

表 1-3　2016—2023 年智利矿山铜产量（单位：万吨）

时间	2016 年	2017 年	2018 年	2019 年	2020 年	2021 年	2022 年	2023 年
产量	555.3	550.4	583.2	578.7	570.0	568.0	539.0	533.0

数据来源：智利国家铜业委员会，2024 年 5 月。

（二）全球原铝供应由短缺转为过剩

世界金属统计局（WBMS）发布的数据显示，2023 年，全球原铝产量达到 6975.9 万吨，表观消费量为 6918.5 万吨，全球原铝供应由短缺转为过剩，全年原铝供应过剩 57.4 万吨，而上年同期为短缺 20.3 万吨。国际铝业协会（IAI）发布的数据显示，2022 年，全球共生产原铝 7058.1 万吨，同比增加 3.1%。其中，中国、海湾阿拉伯国家合作委员会（海合会）、除中国外的亚洲地区产量分别为 4166.6 万吨、621.7 万吨、467.3 万吨，占比分别为 59%、8.8%、6.6%。2023 年全球原铝产量分布图如图 1-6 所示。

二、主要产品价格冲高回落

铜：2023 年 12 月末铜现货价格较 1 月初上涨 1%，为 8390 美元/吨。全年铜现货平均结算价格为 8486 美元/吨，同比下降 3.5%。铜现货最高结算价格达到 9436 美元/吨，较上年最高价格下降 12.1%。铜现货最低结算价格降至 7813 美元/吨，较上年最低价格上涨 11.6%。

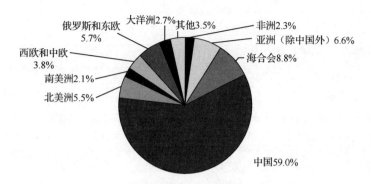

图 1-6　2023 年全球原铝产量分布图

（数据来源：IAI，2024 年 5 月）

铝：2023 年 12 月末铝现货价格较 1 月初下跌 0.1%，为 2336 美元/吨。全年铝现货平均结算价格为 2256 美元/吨，同比下降 16.5%。铝现货最高结算价格达到 2636 美元/吨，较上年最高价格下降 33.8%。铝现货最低结算价格降至 2069 美元/吨，较上年最低价格下降 0.6%。

2023 年 LME 典型有色金属品种现货结算价格走势如图 1-7 所示。

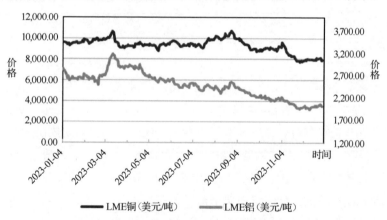

图 1-7　2023 年 LME 典型有色金属品种现货结算价格走势

（数据来源：Wind 资讯，2024 年 5 月）

第四节　建材行业

一、市场供给

2023 年，全球经济复苏缓慢，依旧呈现经济下行和通货膨胀特点。受经济环境和市场供需影响，全球建材行业发展疲软，主要产品产量下降，全球百强企业总体营业收入同比减少 0.2%，市场存在高度不确定性。

从水泥行业看，2023 年全球水泥产量 40.7 亿吨，同比下降 4.2%，各国水泥需求变化不一。中国连续 38 年成为全球水泥产量最大的国家，2023 年水泥产量 20.2 亿吨，同比减少 5.0%；排第二的是印度，随着城市化进程的加快，印度基础设施和建筑领域快速发展，2023 年水泥产量同比增长 8.0%，达到 4.1 亿吨；越南以 1.3 亿吨的产量位居第三，同比增长 3.1%；美国以 0.9 亿吨的产量排名第四，同比下降 2.2%；土耳其以 0.8 亿吨的产量排名第五，同比增长 9.9%。从需求看，不同国家和地区差异明显。北美地区水泥需求整体下降 2%，中东、北非和东南亚地区需求同样下降，印度尼西亚水泥销量持续攀升，蒙古和埃塞俄比亚等国家水泥需求增长明显。

从平板玻璃行业看，全球平板玻璃市场主要由亚太地区、欧洲和北美地区占据，其中，中国是全球最大的市场，市场份额约占全球市场的 50%，其次是欧洲、北美地区，市场份额分别占比约 15%、10%。从分类看，平板玻璃、建筑玻璃市场竞争格局整体较为稳定，市场也趋于饱和，光伏玻璃、电子显示玻璃、超薄玻璃等特种玻璃产品发展速度较快。据测算，2023 年全球光伏玻璃市场需求量约 2323 万吨，在光伏发电成本下降、光伏装机量快速增长的发展趋势下，全球光伏玻璃行业迅速发展，未来随着双面双玻光伏组件市场占有率的逐步提高，光伏玻璃的市场需求量将会持续增加。

从陶瓷行业看，2023 年，我国陶瓷砖出口量 6.12 亿平方米，同比增长 8.97%。陶瓷砖出口均价为 7.26 美元/m^2，出口金额 44.47 亿美元，同比下降 2.16%。按出口量统计，2023 年我国卫生陶瓷出口十大目的国依次为菲律宾、印度尼西亚、韩国、马来西亚、泰国、澳大利亚、柬埔寨、秘鲁、以色列和智利，出口这十国的卫生陶瓷占我国出口总量的 65.2%。从出口省份来看，2023 年我国出口的卫生陶瓷主要来自广东省、福建省、山东省、辽宁省和浙江省，这五省出口的卫生陶瓷合计占全国出口总量的 92.8%。

二、价格行情

2023 年玻璃行情上涨，以浮法平板玻璃市场价为例，1 月 10 日其市场价为 1671.9 元/吨，12 月 31 日为 2016.6 元/吨，年综合涨幅 20.6%（见图 1-8）。上半年受季节性需求和补库存影响，价格整体上行，5 月份达到 2276.3 元/吨的高位；下半年行情由宏观和地产预期变化主导，玻璃价格震荡波动，总体高于年初水平。

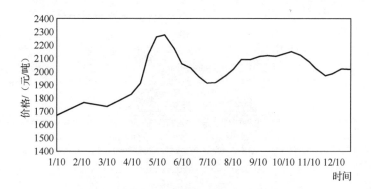

图 1-8　2023 年浮法平板玻璃市场价格走势

（数据来源：Wind 数据库，2024 年 4 月）

第五节　稀土行业

一、市场供给

一是全球稀土资源储量下降。据美国地质勘探局（USGS）最新数据，2023 年全球稀土资源储量约为 1.1 亿吨（以稀土氧化物计算，下同），同比下降 15.4%（见图 1-9）。其中，俄罗斯、澳大利亚和美国变化较为明显，占全球稀土资源储量的比重分别为 9%、5% 和 1%，同比分别减少 52.4%、35.7% 和 21.7%。新增泰国稀土储量数据，为 4500 吨。图 1-10 所示为 2023 年各国稀土资源储量占比。

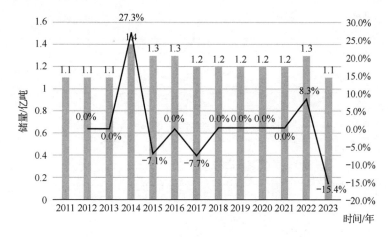

图 1-9　2011—2023 年全球稀土资源储量

（数据来源：USGS，2024 年 5 月）

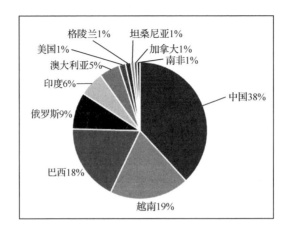

图 1-10　2023 年各国稀土资源储量占比

（数据来源：USGS，2024 年 5 月）

　　二是全球稀土产品产量大幅度提升。据美国地质勘探局最新数据，2023 年，全球稀土产量已增至 36.5 万吨，较 2022 年 30 万吨增长 21.7%（见图 1-11）。其中，我国稀土产量由 2022 年的 21 万吨增加到 25.5 万吨，同比增加 21.4%；缅甸稀土产量由 1.2 万吨增加到 3.8 万吨，同比增加 216.7%；越南稀土产量则由 1200 吨下降到 600 吨，同比下降 50%。美国产量为 4.3 万吨，较 2022 年（由 4.3 万吨调低至 4.2 万吨）增长 2.38%。2023 年稀土产量占比排名前四的国家包括中国、美国、缅甸和澳大利亚（见图 1-12）。产量的提升主要得益于中国、美国、澳大利亚等国家的稀土开采项目的扩大与技术的提高。

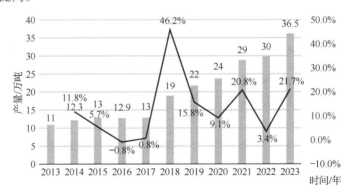

图 1-11　2013—2023 年全球稀土产品产量

（数据来源：USGS，2024 年 5 月）

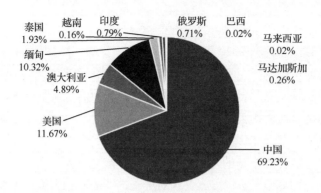

图 1-12　2023 年各国稀土产量占比
（数据来源：USGS，2024 年 5 月）

二、市场需求

　　近年来，全球稀土市场呈现出稳步增长的态势。这主要得益于稀土元素在新能源、环保、军事等领域的广泛应用。特别是新能源汽车、风力发电、节能家电等领域的快速发展，对稀土的需求持续增长。此外，中国对稀土行业的整顿和规范也使得市场供应更加稳定。然而，由于在稀土资源的开采和加工过程中存在环境污染问题，各国对稀土产业的监管力度逐渐加大，这也对市场发展产生了一定的影响。

　　全球稀土市场的主要消费国包括中国、日本、美国、德国和韩国等。其中，中国是全球最大的稀土消费国，主要用于新能源汽车、风力发电、节能家电等领域。日本和美国等国家在高科技产业领域对稀土的需求较大，德国和韩国等国家则在制造业领域对稀土的需求较为突出。

　　市场调查数据显示，近年来全球稀土产品市场需求持续增长。其中，钕铁硼永磁材料、镧铈氧化物和氧化铈等产品需求最为旺盛。这些产品主要应用于新能源汽车、风力发电、节能家电等领域。未来几年，随着全球经济的发展和新能源产业的快速发展，稀土产品的市场需求将继续保持稳定增长。特别是新能源汽车、风力发电等领域，对稀土的需求将进一步扩大。此外，随着科技的进步，稀土在新材料、环保、医疗等领域的应用也将逐步拓展，为稀土市场带来新的增长点。

　　据 IRENA 统计，到 2030 年，稀土永磁材料市场占稀土总需求的 40%。全球稀土需求预计将从 2022 年的 17 万吨增长到 2035 年的 46.6 万吨，复合年均增长率为 8%。1 兆瓦直驱风力发电机容量需要约 500 公斤永磁体。磁体质量的三分之一归因于稀土。典型的电动汽车使用 2~5 公斤的磁体。由于风力涡轮机容量预计在 2020 年至 2050 年间将增加一倍，并且电动汽车将成为主要的道路运输选择，稀土产量需要比目前水平增加 11 至 26 倍，才能跟上 2050 年全球风能发展目标的步伐，并且增加六倍以满足电动汽车的发展目标。据重要金属咨询公司——Project Blue 称，预计 2033 年全球稀土市场价值将达到 210 亿美元。

然而，全球稀土市场的发展仍面临一定挑战。首先，稀土资源的开采和加工过程中存在环境污染问题，各国对稀土产业的监管力度逐渐加大。为了保护环境和维护可持续发展，各国可能会采取更严格的措施限制稀土开采和加工活动。其次，全球稀土资源分布不均，部分国家面临资源枯竭的风险。这使得全球稀土供应链的稳定性受到威胁，可能导致市场价格波动加剧。最后，国际经济形势的不稳定也可能对稀土市场产生影响。例如，贸易摩擦、地缘风险等因素都可能对全球稀土市场产生不利影响。因此，未来全球稀土市场的发展仍需关注这些潜在风险因素。

第二章

2023年中国原材料工业发展状况

2023年，面对国际经济复苏缓慢和我国经济平稳增长的形势，我国原材料工业实现了稳增长的中心任务，但主要产品价格震荡下跌、不同行业的生产和投资分化较大，进出口贸易不稳定，原材料工业稳增长压力依然较大。

第一节　基本情况

一、原材料工业增加值出现分化，除建材行业外，钢铁、有色金属、化工行业的产品产量有所增加

从增加值看，2023年1—12月，我国原材料工业发展出现分化，化工、钢铁行业增加值保持增长态势，有色金属、建材行业增加值出现分化。化学原料和化学制品制造业增加值同比增长9.6%，增速高于上年同期水平。黑色金属矿采选业增加值同比增长5%，增速低于上年同期8个百分点；黑色金属冶炼及压延加工业增加值同比增长7.1%，增速高于上年同期5.9个百分点。有色金属行业增加值出现分化，有色金属矿采选业增加值同比减少1.6%，低于上年同期水平；有色金属冶炼及压延加工业增加值同比增长8.8%，增速高于上年同期3.6个百分点。建材行业增加值出现分化，非金属矿采选业、非金属矿物制品业增加值同比分别减少5.7%和0.5%。分产品看，除建材产品外，我国主要原材料产品产量稳步增加。化工产品产量增加，硫酸、烧碱、乙烯等产量增速均高于2022年同期水平。十种有色金属产品产量呈持续增长态势，同比增长7.1%。钢铁产品产量增加，生铁、钢材产量同比增长0.7%和5.2%，粗钢产量基本与上年持平。建材产品产量减少，水泥产量同比增速为-0.7%，平板玻璃产量大幅度下降，同比下降3.9%。2023年我国主要原材

料产品产量及增长情况见表 2-1。

表 2-1　2023 年我国主要原材料产品产量及增长情况

主要原材料产品	产　　量	同比增长率/%	2022 年同期增速/%
硫酸（万吨）	9580	3.4	-0.5
烧碱（万吨）	4101.4	3.5	1.4
乙烯（万吨）	3189.9	6	-1
生铁（亿吨）	8.7	0.7	-0.8
粗钢（亿吨）	10.2	0	-2.1
钢材（亿吨）	13.6	5.2	-0.8
十种有色金属（万吨）	7469.8	7.1	4.3
水泥（亿吨）	20.2	-0.7	-10.8
平板玻璃（亿重量箱）	9.7	-3.9	-3.7

数据来源：国家统计局，2024 年 1 月。

二、化工、有色金属、建材行业投资规模持续扩大，钢铁行业内部投资规模增减不一

2023 年，除黑色金属矿采选业外，我国原材料工业固定资产投资规模逐步扩大。化学原料和化学制品制造业投资同比增长 13.4%，低于上年同期 5.4个百分点。钢铁行业中黑色金属矿采选业投资同比减少 6.8%，而上年同期为正增长；黑色金属冶炼和压延加工业投资同比增加 0.2 个百分点，而上年同期为负增长。有色金属行业投资规模扩大，有色金属矿采选业、有色金属冶炼和压延加工业投资分别同比增长 42.7% 和 12.5%。建材行业中非金属矿采选业、非金属矿物制品业投资分别同比增长 16.2% 和 0.6%，增速较上年同期有所放缓（见表 2-2）。

表 2-2　2023 年我国原材料工业固定资产投资增长率

行　　业	同比增长率/%	上年同期同比增长率/%
化学原料和化学制品制造业	13.4	18.8
黑色金属矿采选业	-6.8	33.3
黑色金属冶炼和压延加工业	0.2	-0.1
有色金属矿采选业	42.7	8.4

续表

行　　业	同比增长率/%	上年同期同比增长率/%
有色金属冶炼和压延加工业	12.5	15.7
非金属矿采选业	16.2	17.3
非金属矿物制品业	0.6	6.7

数据来源：国家统计局，2024 年 1 月。

三、钢铁产品进口减少，出口增速有所降低；不同有色金属产品进出口贸易差别较大

2023 年，我国原材料产品进出口差异明显。受海外市场钢材供应下降和钢材出口价格高于国内市场的影响，钢材出口 9026 万吨，同比增加 36.2%，增速远高于上年同期水平；受房地产市场负增长等因素拖累，钢材进口同比降低 27.6%。不同有色金属产品进出口贸易表现出较大差异，未锻轧铜及铜材出口 95.8 万吨，同比增加 4.7%；未锻轧铜及铜材进口 550.1 万吨，同比减少 6.3%。未锻轧铝及铝材出口 567.5 万吨，同比减少 13.9%；未锻轧铝及铝材进口 306 万吨，同比增加 28%。

四、原材料产品价格震荡调整，整体呈现下跌态势

2023 年，原材料产品价格整体呈下跌趋势。钢铁价格震荡走低。中国钢材价格指数（CSPI）1—3 月小幅上涨，4—5 月逐步下跌，6—7 月再度上涨，8—10 月下跌至 107.5，11—12 月小幅上涨至 112.9（见表 2-3）。化工产品价格有涨有落：硫酸（98%）价格波动上涨，从 1 月的 214.8 元/吨上涨到 3 月的 267.3 元/吨，4—5 月下降，6—9 月上涨至 332.1 元/吨，10—12 月调整至 281.7 元/吨；尿素（小颗粒）价格震荡下降，1—2 月从 2689.8 元/吨上涨至 2701.7 元/吨，3—6 月下跌至 2144.6 元/吨，7—8 月有所上涨，9—12 月下跌至 2367.5 元/吨。有色金属产品价格相对平稳：铜价格从 1 月的 67307 元/吨上涨至 12 月的 68952.1 元/吨；铝价格从 1 月的 18248.9 元/吨上涨至 12 月的 18830.8 元/吨。建材价格整体呈波动下降趋势：1—3 月，建材综合指数波动上涨，4 月开始逐步下跌，从 139.49 降到 8 月的 127.84，9 月开始小幅上涨至 12 月的 140.21。

表 2-3　2023 年 1—12 月我国部分原材料产品价格变化

月份	中国钢材价格指数（1994 年 4 月=100）	电解铜（1#）/（元/吨）	标准铝/（元/吨）	硫酸（98%）/（元/吨）	尿素（小颗粒）/（元/吨）
1 月	115.22	67307.0	18248.9	214.8	2689.8
2 月	118.23	68927.4	18702.5	238.2	2701.7
3 月	118.54	68877.0	18365.1	267.3	2692.0
4 月	111.16	68925.9	18707.5	213.3	2433.8
5 月	106.89	65848.3	18319.4	157.3	2139.7
6 月	109.19	67730.6	18557.5	160.2	2144.6
7 月	111.22	68792.9	18346.8	165.6	2406.8
8 月	108.34	69174.8	18573.8	255.1	2477.2
9 月	108.40	69148.0	19468.2	332.1	2472.5
10 月	107.50	66712.6	19113.0	281.5	2445.7
11 月	111.62	68094.9	19020.1	281.1	2456.1
12 月	112.90	68952.1	18830.8	281.7	2367.5

数据来源：赛迪智库整理，2024 年 1 月。

五、行业经济效益逐步好转，但下滑压力不减

2023 年，除化学原料和化学制品制造业、非金属矿物制品业外，大部分原材料工业经济效益逐步转好。化学原料和化学制品制造业利润同比减少 34.1%，非金属矿物制品业利润同比减少 23.9%。钢铁行业经济利润有所好转，黑色金属矿采选业利润同比增长 6.7%，黑色金属冶炼和压延加工业利润同比大幅上升 157.3%。有色金属行业利润有所上涨，有色金属矿采选业、有色金属冶炼和压延加工业利润分别同比上涨 8.1% 和 28%。非金属矿采选业利润同比增长 0.2%。（见表 2-4）。

表 2-4　2023 年我国原材料行业利润及增长情况

行　业	利润/亿元	同比增长率/%	上年同期增速/%
化学原料和化学制品制造业	4694.2	-34.1	-8.7
黑色金属矿采选业	554.5	6.7	-22
黑色金属冶炼和压延加工业	564.8	157.3	-91.3
有色金属矿采选业	785.6	8.1	37.3

续表

行　　业	利润/亿元	同比增长率/%	上年同期增速/%
有色金属冶炼和压延加工业	2930.5	28	−16.1
非金属矿采选业	416.2	0.2	6.2
非金属矿物制品业	3222.2	−23.9	−15.5

数据来源：国家统计局，2024 年 2 月。

第二节　工作进展

一、多措并举推进原材料工业提质增效

2023 年，针对原材料工业需求不振、投资信心不足等问题，钢铁、石化化工、有色金属、建材行业相继出台稳增长工作方案，出台系列举措提振行业信心促进企业转型，确保原材料工业稳增长首要任务的实现。

1. 钢铁行业

2023 年 8 月，工业和信息化部、国家发展改革委等七部委联合印发《钢铁行业稳增长工作方案》，提出"12345"稳增长路径，即一个核心任务、两年发展目标、三项基本原则、四大行动举措和五项保障措施，该方案提出，到 2023 年，钢铁行业固定资产投资保持稳定增长，经济效益显著提升，行业研发投入力争达到 1.5%，工业增加值增长 3.5%左右；到 2024 年，行业发展环境、产业结构进一步优化，工业增加值增长 4%以上。

2023 年 10 月，工业和信息化部党组成员、副部长王江平出席 2023 年世界钢铁协会年会时提出，党的十八大以来，我国全面实施供给侧结构性改革，着力化解钢铁行业过剩产能，钢铁工业呈现良好发展格局，为实现钢铁工业现代化、推动我国经济高质量发展奠定了坚实基础。

2. 石化化工行业

2023 年 7 月，工业和信息化部召开"加速发展化工新材料产业，推动下游产业高质量发展"全国政协重点提案办理暨化工新材料产业发展座谈会，就提案办理情况和化工新材料产业创新发展情况组织相关部门、重点企业进行交流。

2023 年 8 月 2 日，工业和信息化部召开 2023 年上半年石化化工行业经济运行分析座谈会，分析了石化化工行业运行态势，研究部署了推进石化化工行业稳步发展的举措。8 月 18 日，工业和信息化部联合国家发展改革委等

部门联合发布了《石化化工行业稳增长工作方案》，对 2023—2024 年的行业稳增长工作做出具体部署。该方案提出，2023—2024 年，石化化工行业年均工业增加值增速为 5%左右；到 2024 年，石化化工行业（不含油气开采）主营业务收入达 15 万亿元。

2023 年 12 月，工业和信息化部在湖南岳阳召开城镇人口密集区危险化学品生产企业搬迁改造及长江经济带化工企业搬改关工作交流推进会，总结前期工作成效，交流经验做法，部署下一步重点工作，为促进石化化工行业转型升级、推动长江经济带高质量发展奠定基础。

3. 有色金属行业

2023 年 8 月，工业和信息化部联合国家发展改革委等部门印发《有色金属行业稳增长工作方案》，该方案提出了 2023—2024 年有色金属行业的目标，如十种有色金属产量年均增长 5%左右，铜、锂等国内资源开发取得积极进展，有色金属深加工产品供给质量进一步提升，营业收入保持增长，固定资产投资持续增长，力争 2023 年有色金属工业增加值同比增长 5.5%左右，2024 年增长 5.5%以上；同时也提出了推动有色金属行业平稳发展的举措，如提升供给能力、保障上下游行业平稳增长，引导产品消费升级、培育壮大行业增长新动能等。

4. 建材行业

2023 年 3 月，工业和信息化部联合住房和城乡建设部等部门开展 2023 年绿色建材下乡活动，后续广东、福建、江苏、广西、河北、江西等地将陆续召开绿色建材下乡活动启动会，不断扩大绿色建材生产、认证、推广力度。7 月，工业和信息化部原材料工业司组织行业协会、重点企业等召开建材行业上半年经济运行分析座谈会，就上半年重点行业、重点企业的运行和生产经营情况进行了沟通交流，并对建材行业全年运行形势进行了分析预测，讨论了建材行业在稳增长和调结构中面临的主要困难和问题，提出了未来促进行业发展的政策建议。8 月，工业和信息化部原材料工业司参加 2023 年水泥行业 50 强高层论坛，论坛分析了当前水泥行业面临的形势及下一步的工作重点，为加快行业转型升级、推动行业高质量发展指明方向。8 月 22 日，工业和信息化部联合多部门发布了《建材行业稳增长工作方案》，提出了建材行业稳增长的主要目标，2023 年和 2024 年，力争工业增加值增速分别为 3.5%、4%左右。绿色建材、矿物功能材料、无机非金属新材料等规上企业营业收入年均增长 10%以上，并对建材行业稳增长的工作举措、保障措施等做出全面部署。9月，工业和信息化部原材料工业司参加2023金刚石产业大会，与全球10余个国家在金刚石领域具有影响力的院士、专家学者、企业家等就促进我国超硬材料及制品产业健康可持续发展展开交流。12月，工业和信息化部等十部门印发《绿色建材产业高质量发展实施方案》，明确了绿色建材产业发展的总体要求、主要目标、重点任务和保障措施等。

二、产业技术创新取得阶段性突破

2023年，原材料工业加强技术攻关，一批重大研发创新成果竞相涌现。

1. 钢铁行业

2023年1月，宝钢热镀锌吉帕钢（X-GPa）DP1310-GA DP1470-GI在宝钢湛江钢铁成功下线，该产品为全球首创，填补了国内外空白；2月，鞍钢集团研发的厚度为33毫米、级别为X80的大应变管线钢板率先实现全球工业化生产；4月，首钢股份建成了具备100%薄规格、高磁感取向电工钢的生产线，并首次发布了15SQF1250和23SQGD085LS两款产品；7月，由宝武中央研究院自主研发的高强度高耐候冷镦钢实现全球首发，为紧固件行业的绿色制造提供宝武方案；9月，太钢率先在全球生产研制出1000MPa级超高强磁轭钢板；11月，国内成功试冲首个面向量产采用1.5GPa吉帕钢®冷冲压零件，先进超高强钢冷冲压技术进入全球先进行列。

2. 石化化工行业

卫星化学股份有限公司承担的乙烯四聚高选择性制高纯1-辛烯中试技术开发项目通过验收，该项目开发的1-辛烯技术属于国内首创，1-辛烯纯度指标达到世界领先水平，为未来实现万吨级工业化生产奠定了技术基础。由中国石油天然气股份有限公司勘探开发研究院、中国石油国际勘探开发有限公司联合完成的"中东地区低渗碳酸盐岩油藏分类高效开发关键技术及应用"项目获得2023年度中国石油和化学工业联合会科技进步特等奖，该技术整体达到国际先进水平，带动了全球相同类型油藏经济高效开发。多氟多"磷肥副产氟硅资源高质利用成套技术开发及产业化"项目获得2023年度中国石油和化学工业联合会科技进步一等奖，该项目以磷肥副产氟硅酸为原料，开发了超纯电子级氢氟酸联产高品质白炭黑成套新工艺，不仅缓解了氟化工对萤石的资源依赖，解决了磷肥行业环保难题，还提高了超纯电子级氢氟酸制造水平和集成电路产业自给保障能力。中国石油自主研制的全球首创12000米特深井自动化钻机投入深地勘探工程，标志着我国自动钻探技术向

地下万米迈进；中国石化积极推进重大装备国产化，电动压裂装备、高端钻头、大型加氢反应器、大型炼油装置 DCS 等一批具有世界先进水平的装备持续取得突破；中国海油多个关键项目取得突破性进展，"海洋石油 720"深水物探船搭载"海经"勘探装备完成首次超深水作业、亚洲首艘圆筒型"海上油气加工厂""海洋石油 122"FPSO（"超级能源碗"）主体建造完工。

3. 有色金属行业

2023 年 3 月 19 日，第七届中国工业大奖发布会在北京举行，宝钛集团有限公司、浙江海亮股份有限公司精密铜管低碳智能制造技术及装备研究项目和山东国瓷功能材料股份有限公司片式多层陶瓷电容器用介质材料关键技术研究开发及产业化应用项目获得中国工业大奖；东轻等完成的"高性能铝合金大规格挤压材制造与应用技术"和"变形铝及铝合金牌号及铝合金成分分析方法标准体系研究"、永杰新材料等完成的"新能源汽车动力电池包装用铝合金高品质板带箔开发与产业化"、中色科技等完成的"铝板带冷粗轧智能化轧制关键技术及装备研发"、中铝瑞闽等完成的"高精铝板带生产全流程质量智能管控技术及应用"五个项目获得一等奖。

4. 建材行业

2023 年 4 月，工业和信息化部发布了《建材工业鼓励推广应用的技术和产品目录（2023 年本）》，旨在引导各类要素资源流向新型建材项目和建材技改项目，提高建材行业高端化、智能化及绿色化水平。中国建材集团下属的瑞泰科技成功交付高放废液玻璃固化焦耳炉用熔铸耐火材料，首次实现该材料的国产化生产；中国建材咸阳陶瓷研究设计院成功交付国内首套年产万吨锂电负极材料连续回转炉，标志着我国锂电池材料的生产实现重大突破。

三、绿色发展和数字化转型形成良好局面

2023 年，原材料工业继续探索绿色发展新模式，数字化建设成效显著。

钢铁行业绿色化智能化转型取得积极成效。5 月，河钢 120 万吨氢冶金示范工程实现安全顺利连续生产，生产的绿色 DRI 产品金属化率达到 94%，标志着钢铁行业迈入"以氢代煤"冶炼"绿钢"的时代；5 月 5 日，全国电炉短流程炼钢推进大会在四川省泸州市召开，大会启动全国电炉短流程炼钢"十四五"绿色低碳转型升级工作，共同研讨电炉炼钢的未来发展。我国加快钢铁行业超低排放改造，截至 2023 年 12 月 28 日，已有 115 家钢铁企业在中国钢铁工业协会网站上进行了超低排放改造和评估监测进展情况公示，

其中，2023 年新增 67 家企业完成了超低排放改造和评估监测公示，占比达到 58.26%。此外，我国钢铁企业积极推进智能化改造，12 月，工业和信息化部等部门联合公布 2023 年度智能制造示范工厂揭榜单位和优秀场景名单，有 12 家钢铁企业入选智能制造示范工厂，25 家钢铁企业的 34 个场景入选智能制造优秀场景。

石化化工行业持续落实低碳发展要求。2023 年 6 月，中国海油恩平 15-1 油田碳封存示范工程正式投用，该工程是我国第一个百万吨级海上碳封存示范工程，说明我国初步具备了海上注入、封存和检测 CO_2 的技术能力。8 月，万吨级光伏绿氢示范项目在新疆库车投产。该项目年产 2 万吨绿氢全部就近供应中国石化塔河炼化公司，每年可减少二氧化碳排放约 48.5 万吨。8 月，我国第一桶"零碳原油"在中国石油吉林油田诞生，吉林油田新立采油厂III区块光热系统正式并网运行，标志着亚洲最大陆上采油平台集群零碳示范区建成投运。9 月，2023 全国低碳化工产业发展大会在大连召开，这是全国首个低碳化工主题的行业大会，与会专家、企业分享了业界先进技术和经验。10 月，国家发展改革委、联合多部门印发了《关于促进炼油行业绿色创新高质量发展的指导意见》，为炼油行业绿色发展指明了方向。

有色金属行业绿色化水平逐步提高。2023 年 3 月 1 日，工业和信息化部组织编制的《有色金属行业智能制造标准体系建设指南（2023 版）》印发；3 月 3 日，中国有色金属工业协会组织编撰的《有色金属行业低碳技术发展路线图》正式发布，这些文件是我国有色金属行业实现碳达峰的技术指南。为解决赤泥利用问题，中国有色金属工业协会牵头先后召开了第二届赤泥绿色利用大会和全球首届赤泥绿色利用国际论坛，开展了《赤泥综合利用政策研究与三年行动方案》研究编制工作，初步提出赤泥绿色利用的发展战略和"三年行动"目标及路径，并发布《赤泥绿色利用发展报告》，有助于推动我国铝工业绿色转型，为我国铝工业绿色转型发展做出积极贡献。4 月，《绿电铝评价及交易导则》发布实施，为我国有效应对欧盟碳关税及国际贸易壁垒提供了指导。10 月，由中国铝业青海分公司生产的海湖牌绿电高品质 99.85% 铝锭投入市场，我国电解铝绿色生产迈出关键一步。12 月，工业和信息化部印发《废铜铝加工利用行业规范条件》，旨在加强废铜铝资源的高效开发利用，提高再生铜铝行业发展水平。上海神火铝箔、新美鱼博洋铝业、保太集团、创新金属、华建铝业、万达铝业、阳光铝材、华峰铝业等 18 家铝加工企业荣获"2023 年度国家绿色工厂"称号，截至目前，全行业共 60 多家企

业获得国家绿色工厂称号。

建材行业加快推动绿色发展和数智化转型。2023 年 6 月，生态环境部公开征求《关于推进实施水泥行业超低排放的意见（征求意见稿）》，对 2025 年和 2028 年水泥熟料产能超低排放改造提出了要求。2025 年年底前，50% 左右的水泥熟料产能完成改造；2028 年年底前，全国力争 80% 左右水泥熟料产能完成超低排放改造。2023 年 10 月，工业和信息化部原材料工业司组织地方主管部门、协会等召开 2023 年有色金属和建材行业碳达峰工作座谈会，会议就统筹处理好稳增长同碳减排和调结构的关系，加快推动有色金属和建材行业智能化、绿色化转型升级展开交流。11 月 24 日，生态环境部公开征求《关于做好水泥和焦化企业超低排放评估监测工作的通知（征求意见稿）》意见，提出水泥企业应重点加强烟气排放连续监测系统（CEMS）和手工监测采样点布设规范化、脱硝过程氨逃逸、物料运输等薄弱环节改造。11 月 30 日，2023 年度建材行业绿色制造标杆名单在 2023 年建筑材料行业大会上公布，有 43 家企业上榜，其中，建材行业绿色工厂 37 家、建材行业绿色供应链管理企业 6 家。此外，建材行业数字化转型工作取得一定突破，11 月，原材料工业司发布 2023 年 50 个建材工业智能制造数字化转型典型案例，涵盖单项应用、工业互联网场景、数字矿山、系统解决方案、智能工厂、智能装备、智能制造创新平台 7 个方向，为建材工业数字化转型提供了有益探索。

行 业 篇

第三章

石化化工行业

第一节　基本判断

　　2023 年是贯彻落实党的二十大精神的开局之年，也是持续三年新冠疫情平稳转段的首年，国内经济和石化化工行业总体呈现出筑底企稳态势。但在外部环境复杂性、严峻性、不确定性不断上升，内部供需矛盾压力逐步加大，社会预期偏弱等多重因素影响下，行业经济运行面临较大困难和挑战。在这错综复杂的内外部环境下，2023 年我国石化化工行业经济运行仍表现出较强的韧性，呈现低位回升、稳中有进的态势。

一、主要产品产量明显增长

　　2023 年，我国原油生产平稳，连续五年实现同比增长，全年产量 2.08 亿吨，同比增长 2%，表观消费量 7.73 亿吨，同比增长 8.41%，未出现近年来少见的负增长。原油加工量为 7.35 亿吨，同比增长 9.3%。成品油产量（煤油、汽油、柴油合计）4.28 亿吨，同比增长 16.5%。其中，汽油产量为 1.61 亿吨，同比增长 10.1%；煤油产量为 4968.4 万吨，同比增长 68.3%；柴油产量为 2.17 亿吨，同比增长 13.3%（见表 3-1）。

表 3-1　2023 年成品油生产情况

产　品	生 产 情 况	
	产量/万吨	同比增长率/%
成品油	42800	16.5
汽油	16100	10.1

续表

产　品	生　产　情　况	
	产量/万吨	同比增长率/%
煤油	4968.4	68.3
柴油	21700	13.3

数据来源：Wind 数据库，2024 年 4 月。

2023 年，我国石化化工行业产能利用率为 75.3%，下降 1.4 个百分点，主要化学品产量同比增长 6%。重点化学品产量均稳定增长：合成材料总产量均增长，其中，合成树脂同比增长 6.3%，合成橡胶同比增长 13.0%，合成纤维单（聚合）体上涨 9.8%；乙烯产量 3189.9 万吨，同比增长 6%；化肥产量创近 3 年来最高值，总产量（折纯）5714 万吨，同比增长 5.0%，农药原药产量（折 100%）267.1 万吨，同比增长 2.8%；轮胎外胎同比增长 15.3%。从具体产品来看，硫酸、烧碱、乙烯、甲醇、聚乙烯产量同比分别增长 3.4%、3.5%、6.0%、3.7%、8.0%（见表 3-2）。

表 3-2　2023 年主要化工产品产销情况

产　品	生　产　情　况	
	产量/万吨	同比增长率/%
硫酸	9580.0	3.4
烧碱	4101.4	3.5
乙烯	3189.9	6.0
甲醇	8317.3	3.7
聚乙烯	2735.2	8.0

数据来源：Wind 数据库，2024 年 4 月。

二、行业投资增长回落

2023 年，化学原料和化学制品制造业投资同比增长 13.4%，高于工业平均增速 4.5 个百分点。从领域来看，2023 年，石油和天然气开采业完成投资同比增长 15.2%，增速同比回落 0.3 个百分点；化学原料和化学制品制造业完成投资同比增长 13.4%，增速同比回落 5.4 个百分点；石油、煤炭及其他燃料加工业完成投资同比下降 18.9%，降幅比 2022 年扩大 8.2 个百分点。

三、成本支撑价格总体上涨，下游明显弱于上游

2023 年，石油和主要化学品受能源价格高位回落和供需压力加大的影响，产品价格同比下跌较为明显。国家统计局价格指数显示，全年油气开采业出厂价格同比下跌 10.2%，化学原料和化学品制造业同比下跌 9%。从走势看，2023 年上半年特别是二季度油价和化工品价格下跌较快，三季度有所反弹，四季度再次有所回落。中国石油和化学工业联合会监测数据显示，2023 年，布伦特原油现货均价 82.04 美元/桶，同比下跌 18.93%；WTI 原油现货均价 77.45 美元/桶，同比下跌 18.04%。

化工品价格下跌明显，特别是大宗有机和合成材料产品价格下跌超出上游原料。市场监测数据显示，2023 年，在 49 种主要无机化学原料中，全年市场均价同比下跌的有 41 种，占比 83.7%；在 72 种主要有机化学原料中，全年市场均价同比下跌的有 65 种，占比 90.3%；在 69 种主要合成材料中，全年市场均价同比下跌的有 63 种，占比 91.3%；监测的 13 种化肥产品年均价全线下跌，平均跌幅 15%。仅有轮胎的价格因受成本推动和交通运输回升带动，全年均价同比上涨，其中，半钢轮胎价格平均上涨 8%，全钢轮胎价格略有下跌。

2022—2023 年乙烯价格走势如图 3-1 所示。

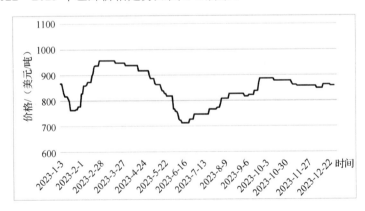

图 3-1 2022—2023 年乙烯价格走势

（数据来源：Wind 数据库，2024 年 4 月）

2022—2023 年尿素价格走势如图 3-2 所示。

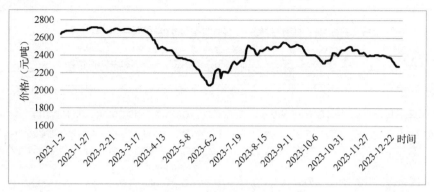

图 3-2　2022—2023 年尿素价格走势

（数据来源：Wind 数据库，2024 年 4 月）

四、行业效益总体下滑，下半年降幅收窄

行业盈利能力总体下滑。截至 2023 年年底，石油和化工行业规模以上企业 3.05 万家，实现营业收入 15.95 万亿元，同比下降 1.1%，实现利润总额 8733.6 亿元，同比下降 20.7%。全年来看，行业效益总体呈前低后高态势，下半年收入和利润增加，增速回升。上半年，行业营业收入和利润总额分别实现 7.6 万亿元和 4310.9 亿元，同比分别下降 4.4% 和 41.3%，下半年行业营业收入和利润总额分别实现 8.3 万亿元和 4422.8 亿元，同比分别增长 2.1% 和 20.5%。

分板块来看，效益有所分化，化工表现总体落后。油气开采业累计实现收入 1.44 万亿元、同比下降 3.9%，利润 3010.3 亿元、同比下降 15.5%；炼油业累计实现收入 4.96 万亿、同比增长 2.1%，利润 656 亿元、同比增长 192.3%；化工行业累计实现收入 9.27 万亿、同比下降 2.7%，利润 4862.6 亿元、同比下降 31.2%；石化化工专用设备制造业累计实现收入 2862.1 亿元、同比增长 9.9%，利润 204.7 亿元、同比增长 26.2%。

具体来看，化工行业中，化学矿采选利润保持近 30% 的较快增长，橡胶制品受轮胎拉动效益回升明显，利润增超 70%，煤化工（煤制合成气、液体燃料）继续亏损并增亏；农药同比下降超 60%；基础化工原料同比下降超 50%，化肥下降近 30%，合成材料和专用化学品分别下降超 20% 和 10%；涂料油墨颜料恢复小幅增长，但其中染料下降近 60%，涂料油墨恢复较快增长。

五、外贸进出口额下降，出口量持续增长

2023 年，受石化产品价格影响，我国石油和化工行业对外贸易主要外贸量保持增长但金额明显下降。据海关数据统计，全行业进出口总额回落至 9522.7 亿美元，同比下降 9.0%，占全国进出口总额的 16%。其中，进口总额 6357.4 亿美元，同比下降 7.9%；出口总额 3165.3 亿美元，同比下降 11.2%。贸易逆差 3192.1 亿美元，同比下降 4.3%。剔除价格因素，行业进出口数量总体继续保持增长态势。

油气进口方面，2023 年我国原油进口总量为 5.6 亿吨，同比增长 11%，外贸依存度为 72.9%，增长 1.8 个百分点；天然气进口量 1656 亿立方米，同比增长 9.5%，外贸依存度达到 42.3%，上涨 1.1 个百分点。

出口方面，成品油出口量 6269 万吨，同比增长 16.7%。橡胶制品出口额 4278.3 亿元，同比增长 2.3%。化肥出口量 3150 万吨，同比下降 27.3%。

有机化学品和合成材料进出口量整体呈上升趋势。2023 年，有机化学品进口量同比增长 3.5%，出口量同比增长 2%；合成树脂进口量同比下降 3.1%，出口量同比增长 13.7%。

有机化学品和合成材料进出口额同比下降。有机化学品出口总额 575.1 亿美元，同比下降 24.3%；合成树脂出口总额 221 亿美元，同比下降 13.2%。2023 年石化化工行业出口交货值见表 3-3。

表 3-3　2023 年石化化工行业出口交货值

行　　业	2023 年		2022 年	
	累计值/亿元	累计同比增长率/%	累计值/亿元	累计同比增长率/%
石油和天然气开采业	54.5	7.1	50.9	20.3
化学原料及化学制品制造业	5389.7	-6.0	5735.4	20.4
橡胶和塑料制品业	4278.3	-1.5	4343.5	-1.2

数据来源：Wind 数据库，2024 年 4 月。

2023 年油气产品进口情况见表 3-4。

表 3-4 2023 年油气产品进口情况

产　品	进　口　总　量	
	累　计	同比增长率/%
原油	5.6399 亿吨	11
天然气	1656 亿立方米	9.5

数据来源：Wind 数据库，2024 年 4 月。

第二节　需要关注的几个问题

一、石化化工产业效益仍有提升空间

我国大宗基础化工品产能产量稳居世界首位，如炼油和乙烯产能均位居世界第一。但与欧美日等发达国家相比，石化化工行业面临着"大而不强"的困境，核心竞争力不强、效益水平不高是行业迈向高质量发展的痛点。国家统计局数据显示，2023 年年底，石油和化工行业规模以上企业 30507 家，实现营业收入 15.95 万亿元，同比下降 1.1%；利润总额 8733.6 亿元，同比下降 20.7%。从行业营业收入利润率看，2023 年石化化工行业营业收入利润率为 5.47%，不仅在横向上与欧美日等发达国家有较大差距，而且纵向上与前几年相比也存在一定差距（2022 年为 6.8%，2021 年为 8%）。从与效益密切相关的经营数据看，2023 年每百元营业成本较 2022 年增加 0.7 元，全行业亏损面比 2022 年扩大 2.8 个百分点。

二、结构性产能过剩问题依然存在

近年石化化工市场一直面临供给过剩压力，市场仍在消化 2022 年和 2023 年新增产能，结构性过剩产能严重影响行业利润。从国际看，近两年全球聚合物新增产能约 700 万吨/年，产能增速为 6%~7%，远高于 2.7% 的需求增速。标普全球预测，若保持目前的产能增长势头，到 2027 年欧洲和亚洲的高密度聚乙烯、线型低密度聚乙烯和聚丙烯产能至少要分别减少 600 万吨/年、250 万吨/年和 1000 万吨/年，才能使开工率恢复到 85%，以及使利润率恢复。从国内看，近三年新增化工能力几乎超过了之前十年的总和，乙烯、乙二醇等产品新建项目集中建设，产能增长较快。2022 年年底至今，浙江石化 2000 万吨炼化一体化项目、盛虹炼化 1600 万吨一体化项目、万华化学福建工业园 40 万吨 TDI 项目等多个大型项目投产。未来几年，大宗石化化工产品产能仍将快速增长。已供过于求的丙烯、聚丙烯、精对苯二甲酸等产品产能过剩的局面将越发严重。聚烯烃弹性体、磷酸铁锂等部分高端产品也存在投资过热苗头。

三、现代煤化工产业平稳运行存在隐忧

现代煤化工产业对保障能源安全、确保产业链供应链稳定具有重要意义。近年来，我国煤化工产业发展取得了积极成效，但仍存在产品同质化、行业效益低迷和资源环境约束压力较大等问题。目前正在规划的或已经建成的煤化工项目技术存在水平相近、产品方案雷同等问题。例如，煤制烯烃产品主要集中在少数通用牌号聚乙烯、聚丙烯等。由于上游煤炭价格高企，下游化工产品需求不足，煤化工行业效益长期低迷。煤制气和煤制乙二醇企业常年处于亏损状态，煤制乙二醇开工率在 50% 以下。此外，由于煤炭的碳氢比（0.2～1）远低于石油类原料（1.5～2），煤化工耗水量、二氧化碳排放量及能源消耗量远高于石化化工，给以煤化工为重点产业的宁夏银川、陕西榆林等地带来较大的资源环境压力。

第四章

钢铁行业

第一节　基本判断

一、产量需求同比降低

（一）粗钢产量实现同比下降

2023 年，中国粗钢产量 10.1 亿吨，同比基本持平；生铁产量 8.71 亿吨，同比增长 0.7%；铁合金产量为 3465.0 万吨，同比增长 1.4%；钢材产量 13.63 亿吨，同比增长 5.2%；铁矿石原矿产量 9.91 亿吨，同比增长 7.1%（见表 4-1）。

表 4-1　2023 年全国冶金企业主要产品产量

产　　品	产量/万吨	同比增长率/%
生铁	87101.3	0.7
粗钢	101908.1	基本持平
钢材	136268.2	5.2
铁矿石原矿量	99055.5	7.1
铁合金	3465.0	1.4

数据来源：国家统计局，2024 年 5 月。

从钢材细分品种产量看，2023 年冷轧薄板、中厚宽钢带、焊接钢管产量较 2022 年有所增长，其中，中厚宽钢带增幅达到 11.5%，钢筋、线材（盘条）产量有所下降（见表 4-2）。

表 4-2　2023 年中国钢材细分品种产量

	产量/万吨	同比增长率/%
钢材	136268.2	5.2
钢筋	22638.1	-2.1
盘条（线材）	13735.1	-0.2
冷轧薄板	3988.0	5.6
中厚宽钢带	20497.3	11.5
焊接钢管	6415.1	8.8

数据来源：wind 数据库，2024 年 05 月。

从各地区钢铁生产情况来看，2023 年东部的生铁、粗钢和钢材产量分别为 51688.6 万吨、59471.0 万吨、86217.9 万吨，分别占全国生铁、粗钢和钢材总产量的 59.3%、58.4%、63.3%，生铁产量同比降低 0.1%，粗钢和钢材同比分别增长 0.7% 和 1.4%。中部的生铁、粗钢和钢材产量分别为 21662.5 万吨、24569.7 万吨、27348.9 万吨，分别占全国生铁、粗钢和钢材总产量的 24.9%、24.1%、20.0%，生铁同比增长 2.6%，粗钢和钢材同比分别下降 0.1%、0.2%。西部的生铁、粗钢和钢材产量分别为 13750.2 万吨、17867.5 万吨、22701.4 万吨，分别占全国生铁、粗钢和钢材总产量的 15.8%、17.5%、16.7%，同比分别增长 1.5%、1.2%、5.1%（见表 4-3）。

表 4-3　2023 年我国东部、中部、西部钢铁产品产量

区域	生铁			粗钢			钢材		
	产量/万吨	同比增长率/%	占全国比重	产量/万吨	同比增长率/%	占全国比重	产量/万吨	同比增长率/%	占全国比重
东部	51688.6	-0.1	59.3	59471.0	0.7	58.4	86217.9	1.4	63.3
中部	21662.5	2.6	24.9	24569.7	-0.1	24.1	27348.9	-0.2	20.0
西部	13750.2	1.5	15.8	17867.5	1.2	17.5	22701.4	5.1	16.7
合计	87101.3	0.7	100.0	101908.1	0.0	100.0	136268.2	5.2	100.0

数据来源：国家统计局，2024 年 5 月。

（二）下游需求下降

钢铁行业下游的需求主要包括房地产、基建、机械、汽车行业、家电、

管道、造船等。2023 年，我国房地产市场钢铁需求持续走弱，新能源用钢等需求增长，整体看，钢铁消费同比略有下滑。中国钢铁工业协会测算数据显示，2023 年粗钢表观消费量约 9.4 亿吨，同比下降 2.8%。冶金工业规划研究院测算数据显示，2023 年我国钢材消费量 8.9 亿吨，同比下降 3.3%。

二、行业投资回落

2023 年，我国黑色金属矿采选业固定资产投资额累计同比下降 6.8%，行业投资由正转负；黑色金属冶炼和压延加工业投资额同比增加 0.2%（见表 4-4）。

表 4-4 2023 年我国钢铁行业固定资产投资额累计同比增长情况

项　　目	2023 年投资额累计同比增长率 /%	2022 年投资额累计同比增长率 /%
黑色金属矿采选业	-6.8	33.3
黑色金属冶炼和压延加工业	0.2	-0.1

数据来源：国家统计局，2024 年 05 月。

三、产品价格冲高回落

2023 年，中国钢材市场价格整体呈现"N"型走势。以中钢协综合钢材价格指数为例，1 月 6 日，价格指数为 113.9，之后价格上行，到 3 月中旬达到 120.0，为年内最高点，较年初上涨 6.1，涨幅为 5.4%，随后受需求环比下降、成本支撑不足原因价格快速回落，到 6 月初降为 106.7，较高点下降 13.3，降幅为 11.1%，后价格筑底反弹，6—10 月震荡运行，11 月受万亿国债及房地产等政策激励，价格反弹，到 12 月底达到 112.9，较年初略有下降（见图 4-1）。

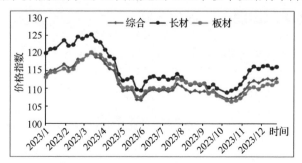

图 4-1　2023 年中国钢材市场价格指数走势

（数据来源：Wind 数据库，2024 年 05 月）

四、行业经营形势较为严峻

2023 年，钢铁行业效益出现下滑。中国钢铁工业协会（简称中钢协）统计数据显示，中钢协重点大中型钢企实现利润 855 亿元，同比下降 12.5%。2020—2023 年黑色金属冶炼和压延加工业季度毛利率情况如图 4-2 所示。

从偿债能力来看，2023 年黑色金属冶炼和压延加工业负债合计 47936.6 亿元，同比增长 7.2%，资产负债率为 64.0%，比上年同期上升 2 个百分点（见表 4-5）。

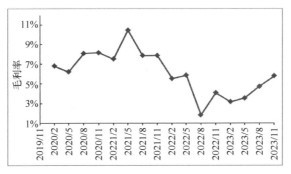

图 4-2　2020—2023 年黑色金属冶炼和压延加工业季度毛利率情况

（数据来源：Wind 数据库，2024 年 5 月）

表 4-5　2023 年黑色金属冶炼和压延加工业负债量和负债率

项　　目	数　　量	同比增长率/%
负债量	47936.6 亿元	7.2
资产负债率	64.0%	+2.0

数据来源：Wind 数据库，2024 年 05 月。

五、钢材出口增长，进口下降

2023 年，中国进口钢材 765 万吨，同比下降 27.6%，钢材进口金额为 113.3 亿美元，同比下降 25.8%，出口钢材 9026 万吨，同比增长 36.2%，出口金额为 800.3 亿美元，同比下降 8.3%（见表 4-6）。

表 4-6　2023 年中国钢材进出口情况

项　　目		数　　量	同比增长率/%
进口	钢材数量	765.0 万吨	-27.6
	金额（钢材）	113.3 亿美元	-25.8

续表

项　目		数　量	同比增长率/%
出口	钢材数量	9026.0 万吨	36.2
	金额（钢材）	800.3 亿美元	-8.3

数据来源：Wind 数据库，2024 年 05 月。

分产品来看，2023 年，中国出口棒材 1081 万吨，同比增长 42.6%；出口角型材 485 万吨，同比增长 36.1%；出口板材 5963 万吨，同比增长 40.6%；出口线材 243 万吨，同比增长 26.1%；出口管材 1046.5 万吨，同比增长 15.1%（见表 4-7）。

表 4-7　2023 年中国钢材分品种出口情况

品　种	出口量/万吨	同比增长率/%
钢材	9026.0	36.2
棒材	1081.0	42.6
角型材	485.0	36.1
板材	5963.0	40.6
线材	243.0	26.1
管材	1046.5	15.1

数据来源：Wind 数据库，2024 年 05 月。

第二节　需要关注的几个问题

一、钢铁需求见顶

中国经济由高速增长阶段转入高质量发展阶段，钢材的消费总量也达到峰值，预计今后钢铁需求量将呈现整体下降趋势。在此背景下，钢铁企业要做好供给和需求平衡，一方面要加强行业自律，有序安排错峰生产，杜绝无序竞争；另一方面要积极寻求新的需求增长点，为新能源、高端装备等领域提供高品质产品。

二、超低排放改造和低碳发展任务艰巨

绿色低碳发展是钢铁行业的一项长期任务。钢铁行业是制造业 31 个门类中碳排放量最大的行业，加快钢铁行业的节能降碳对实现"双碳"目标具

有重要意义。目前钢铁行业发展面临较大压力，整体效益下滑，推动节能降碳相关技改和研发难度加大。企业在行业深度调整期，更要加强内部管理，做好先进技术的推广应用，从节约能源、降低能耗等方面降低生产成本，加快工厂数智化改造，提高产品质量、提升产品效率，进而提高企业的综合竞争力。

第五章

有色金属行业

2023 年，我国有色金属行业稳中向好态势明显，十种有色金属产品产量首次突破 7000 万吨，固定资产投资增幅创近十年新高，大宗有色金属品种价格出现分化，新能源相关品种价格大幅下跌，全行业在营收保持稳定的情况下，利润明显增加，矿产品进口增长，铝产品出口同比下降，行业仍面临营收利润率较低、关键品种资源保障不足、行业创新引领不强等问题。

第一节　基本判断

一、有色金属行业稳中向好

十种有色金属产量大幅增加。2023 年，我国十种有色金属产量达到 7469.81 万吨，同比增长 7.1%，增速较上年增加 2.9 个百分点（见图 5-1）。

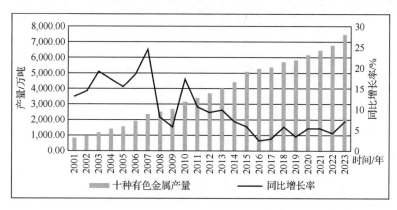

图 5-1　2001—2023 年十种有色金属产量及同比增长率

（数据来源：国家统计局，2024 年 5 月）

铜、铝、锌产量同比增加,特别是铜产量大幅增加。从冶炼产品看,2023年,我国铜、铝、铅、锌产量分别达到 1298.8 万吨、4159.4 万吨、756.4 万吨、715.2 万吨,同比分别增长 17.4%、3.4%、-3.2%、5.1%(见表 5-1)。

表 5-1　2022—2023 年主要有色金属产品生产情况

品　　种	2022 年		2023 年	
	产量/万吨	同比增长率/%	产量/万吨	同比增长率/%
铜	1106.3	4.5	1298.8	17.4
铝	4021.0	4.5	4159.4	3.4
铅	781.1	4.0	756.4	-3.2
锌	680.2	1.6	715.2	5.1

数据来源:国家统计局,2024 年 5 月。

产量逐渐向西部地区转移。十种有色金属产品产量大省依次是山东、内蒙古、新疆、云南、广西、甘肃、河南、青海和安徽,2023 年十种有色金属产量分别为 913.8、838.7、837.6、764.2、509.1、498.8、495.6、317.4、270.6 万吨。其中,广西、甘肃、河南、安徽产量分别同比增长 25.1%、17.4%、12.1%、17.3%(见表 5-2)。

表 5-2　2023 年各省市十种有色金属产品生产情况

地　　区	产量/万吨	同比增长率/%	地　　区	产量/万吨	同比增长率/%
河北	11.4	92.9	湖南	212.6	-7.4
山西	147.8	0.9	广东	74.0	39.4
内蒙古	838.7	4.6	广西	509.1	25.1
辽宁	108.2	4.4	重庆	55.3	-6.8
吉林	13.0	-4.1	四川	173.9	5.9
黑龙江	27.9	13.0	贵州	168.3	8.3
江苏	97.2	11.3	云南	764.2	2.5
浙江	73.4	11.8	西藏	0.5	-16.7
安徽	270.6	17.3	陕西	209.4	-0.8
福建	109.4	6.7	甘肃	498.8	17.4
江西	257.6	5.6	青海	317.4	3.3
山东	913.8	0.0	宁夏	155.4	11.4

续表

地　区	产量/万吨	同比增长率/%	地　区	产量/万吨	同比增长率/%
河南	495.6	12.1	新疆	837.6	6.7
湖北	128.6	19.3			

数据来源：国家统计局，2024 年 5 月。

二、固定资产投资显著增长

2023 年全行业完成固定资产投资较上年增长 17.3%，较上年增速上升 2.8 个百分点，较全国工业固定资产投资增速高出 8.3 个百分点，创近十年新高。其中，有色金属矿采选业、有色金属冶炼及压延加工业完成固定资产投资额同比分别增长 42.7%、12.5%，较上年增速分别上升 34.3 个百分点、回落 3.2 个百分点。2020—2023 年，有色金属行业完成固定资产投资增幅分别为 -1.0%、4.1%、14.5%、17.3%。

三、大宗有色金属品种价格出现分化，新能源品种价格大幅下跌

2023 年，铜、铝、铅、锌等主要大宗有色金属品种价格出现分化，现货铜、铅全年均价较上年分别上涨 1.2%、2.9%，达到 68272 元/吨、15709 元/吨；铝、锌全年均价较上年分别下跌 6.4%、14.0%，达到 18717 元/吨、21625 元/吨。电池级碳酸锂、工业硅等新能源相关品种价格大幅回落，现货均价较上年分别下跌 47.3%、22.5%，达到 26.2 万元/吨、15605 元/吨。

四、全行业营收在保持稳定的情况下利润明显增加，行业亏损面增加但亏损额减少

2023 年规上有色金属工业企业营业收入保持在 7.9 万亿元，与上年基本持平；实现利润 3716 亿元，较上年上涨 12.1%。其中，有色金属矿采选业实现利润 785.6 亿元，同比增长 8.1%；有色金属冶炼及压延加工业实现利润 2930.5 亿元，同比增长 28%。

2023 年我国有色金属行业亏损面增加但亏损额减少。全行业纳入统计的 10707 家企业中，共 2645 家企业亏损，亏损面达到 24.7%，较上年增加 1.8 个百分点；亏损额达到 390.1 亿元，较上年减少 15.7%。分行业看，有色金属矿采选业和有色金属冶炼及压延加工业亏损面分别为 28%、24.3%，同比

分别增加 3.8 个百分点、1.6 个百分点；亏损额分别为 56.4 亿元、333.7 亿元，同比分别减少 15.8% 和 14.6%。

五、进出口贸易逆差增加，矿产品进口增长，铝产品出口同比下降

2023 年我国有色金属进出口贸易总额、进口额、出口额分别达到 3315.5 亿美元、2719.4 亿美元、596.1 亿美元，同比分别增长 1.5%、4.3%、-9.8%。贸易逆差为 2123.3 亿美元，增长 9.0%。进口方面，我国铝土矿、铜精矿、未锻轧铜及铜材的进口量分别为 1.41 亿吨、2753.6 万吨、548 万吨，同比分别增长 12.9%、9.1%、-6.2%；出口方面，未锻轧铝及铝材的出口量为 567.5 万吨，同比下降 13.9%。

第二节　需要关注的几个问题

一、行业营收利润率较低

当前，有色金属冶炼及压延加工业营收利润率只有 3.87%，铜加工利润率 1.53%、铝加工利润率 2.8%，远低于全国制造业 5% 及规模以上工业 5.76% 的水平，需要行业广大企业严格自律，控制新增冶炼及加工产能，加快延伸产业链，提升产品附加值。

二、关键品种资源保障依然不足

战略性矿产是对国家发展及安全具有重大战略意义的矿产，其中多数是有色金属品种。2024 年，随着国内产业的发展，资源外贸依存度不断提高，资源获取的难度及成本也在增加，海外资源投资竞争加剧，同时，境外供矿来源过于单一，风险较大。

三、行业创新引领不强

有色金属领域新材料研究和应用技术仍然存在各自独立、共享机制不畅的短板，尚未形成原创性、突破性、引领性的创新体系。

第六章

建材行业

第一节　基本判断

一、生产延续下降趋势

2023 年，随着经济社会全面恢复常态化运行，建材行业总体稳定，供需关系结构性改善。1—6 月，建材行业工业增加值增速为 0.4%，但下半年开始运行减弱，2023 年全年建材行业工业增加值累计增速约为-1.0%。1—12 月，建材主要产品产量下降，出厂价格略有增长，主要经济效益指标下降。

（一）水泥行业

根据国家统计局统计，2023 年，全国水泥产量 20.2 亿吨，较上年减少 1.0 亿吨，同比下降 4.7%（见图 6-1）。

分季度看，一季度全国水泥产量 4.0 亿吨，同比增长 4.0%；二季度水泥产量 5.5 亿吨，同比下滑 6.6%；三季度市场呈现淡季更淡，供需关系严重失衡，导致各区域水泥价格均出现较大降幅，水泥产量 5.4 亿吨，同比下降 7.5%；四季度市场呈现旺季不旺，受益于 2022 年四季度低基数影响，下降幅度收窄，水泥产量 5.3 亿吨，同比下降 5.0%。

分区域看，全国南部三大区域水泥产量均较上年同期出现下降，其中，中南和华东降幅最大，北部三大区域则均有所增长，其中，西北增长最快。

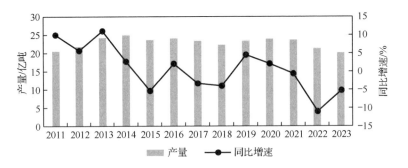

图 6-1　2011—2023 年我国水泥产量及同比增速

（数据来源：Wind 数据库，2024 年 4 月）

（二）平板玻璃行业

2023 年，全年平板玻璃产量 9.69 亿重量箱，同比减少 0.44 亿重量箱，跌幅同比增加（见图 6-2）。

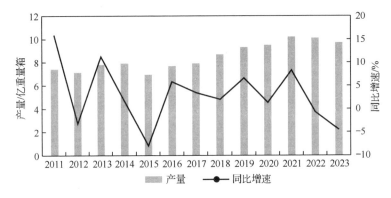

图 6-2　2011—2023 年我国平板玻璃产量及同比增速

（数据来源：Wind 数据库，2024 年 4 月）

分区域看，平板玻璃产量主要集中在华东地区和华北地区，2023 年华东地区、华北地区产量合计占比 46.1%。此外，华中地区、华南地区、西南地区平板玻璃产量占比均超 10%，分别为 16.8%、13.8%、11.4%。东北地区、西北地区产量占比较小，分别为 7.6% 和 4.4%。

分省份看，平板玻璃产量排名前十的省份分别是河北省、湖北省、广东省、山东省、四川省、辽宁省、福建省、安徽省、湖南省和浙江省。其中，河北省排名第一位，2023 年产量为 1.3 亿重量箱，排名第二的湖北省产量为 1.07 亿重量箱。

二、产品价格上涨明显

2023 年 1—12 月，部分建材产品的出厂价格低位回升，比上年同期高 0.6%。生产成本上涨、市场需求偏弱是建材产品价格保持平稳且高于上年同期的主要原因。

（一）水泥行业

2023 年，全国水泥市场价格总体呈现"前高后低"的走势（见图 6-3）。全年水泥市场平均成交价为 394 元/吨（P.O42.5 散装市场到位价，下同），同比大幅回落 15%，跌至近六年最低水平。

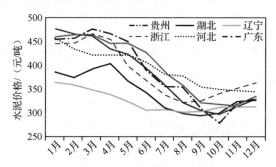

图 6-3 2023 年全国部分地区水泥价格走势
（数据来源：Wind 数据库，2024 年 4 月）

2023 年，全年水泥价格低位弱势震荡调整。具体来看，1—5 月，企业错峰生产使得水泥市场价格基本保持在 400 元/吨以上的较好水平。自 6 月市场供需关系开始恶化，价格加速下行，直至 9 月，市场平均成交价格跌到 355 元/吨全年的最低水平，行业 80%左右企业出现亏损；10—11 月，企业加大错峰生产力度，水泥价格开始小幅恢复，10 月和 11 月水泥市场平均价格环比分别上涨 10 元/吨和 8 元/吨。12 月，尽管市场供需关系依旧延续弱势，但企业错峰生产力度不断加大，市场价格呈现小幅震荡调整走势。

（二）浮法平板玻璃行业

2023 年 1 月至 3 月，玻璃现货受节前备货带动有所去库，价格企稳并有不同幅度回升，1 月价格为 1686 元/吨，3 月涨到 1767 元/吨，涨幅 4.8%。4 月至 5 月，下游阶段性补货，市场行情快速上涨，5 月价格达到 2236 元/吨的全年最高水平。6—7 月，市场补货告一段落，价格小幅下跌。8—10 月，需求增加带动玻璃价格上涨。11—12 月，产能增加，导致价格有所下滑，但仍高于年初价格（见图 6-4）。

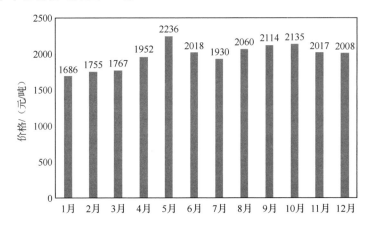

图 6-4　2023 年全国平板玻璃月平均出厂价（元/吨）

（数据来源：百川盈孚，2024 年 4 月）

三、经济效益有所下降

2023 年，建材行业总体面临"需求弱势下滑、产品价格下降"的环境，行业整体效益表现不佳，营业收入和利润总额均呈负增长走势。1—12 月，建材行业实现营业收入 55756 亿元，同比下降 7.7%，较上年同期下降 5.8 个百分点；实现利润总额 3222.2 亿元，同比下降 23.9%，较上年同期下降 8.4 个百分点。其中，水泥行业利润微薄，低于工业平均水平，利润约 320 亿元，同比下降 50% 左右。

四、进出口保持增长

2023 年，建材产品进出口金额均不同程度下跌。1—12 月，受海运费大幅提高、国内需求减弱等因素影响，建材产品进口降低，进口金额同比下降 32.4%。出口金额降幅较小，同比下降 6.6%。

从具体产品看，水泥及熟料出口回升，进口降至冰点。2023 年水泥和熟料进口总量为 128.8 万吨，同比下降 88.1%，其中，熟料进口为 43.55 万吨，同比下降 94.81%；水泥进口为 85.29 万吨，同比下降 64.5%。熟料进口几乎全部来自越南，达到 42.96 万吨，占总进口量的 98.6%。中国水泥出口持续回升，出口量达到近四年来最高。2023 年我国水泥和熟料总出口量达到 383 万吨，同比增长 95.7%，其中，水泥出口量为 361.48 万吨，同比增长 93.85%，熟料出口量为 21.85 万吨，同比增长 131.91%（见表 6-1）。

从玻璃行业看，据海关统计，2023 年 1—11 月中国玻璃出口量为 63.7 万吨，同比增长 3.1%，；2023 年 1—11 月中国玻璃进口量为 18 万吨，同比下降 16.2%。

表 6-1　2023 年主要水泥产品进出口情况

商品名称	进 口		出 口	
	进口数量/万吨	进口金额/万美元	出口数量/万吨	出口金额/万美元
水泥及熟料	128.8	6366.60	383.00	28786.69
白水泥	0.84	135.82	29.10	1496.09
其他硅酸盐水泥	83.75	3790.83	318.10	21240.72
矾土水泥	0.69	434.85	6.20	3067.33

数据来源：Wind 数据库，2024 年 4 月。

第二节　需要关注的几个问题

一、企业控制生产成本面临考验

建材行业是典型的以大宗物料进行生产为特征的资源能源依赖型产业，建材生产中不可或缺的煤炭、原油等能源价格的上涨，显著增加了企业的生产成本。能源成本上升直接压缩了企业的利润空间。此外，随着"双碳"目标的推进，碳排放额的限额导致部分水泥企业需要购买碳排放权，生产成本提高。2023 年 3 月，全国碳排放配额（CEA）成交均价为 68.15 元/吨，按照生产 1 吨水泥大约排放 1 吨二氧化碳来计算，在碳排放限额外水泥生产的成本将增加 68.15 元/吨。

二、绿色低碳发展稳步推进

2023 年是建材行业节能改造和推动碳达峰的关键一年。为深入贯彻落实《建材行业碳达峰实施方案》，中国建筑材料联合会组织编制了《水泥行业碳减排技术指南》《平板玻璃行业碳减排技术指南》，科学指导和促进水泥、平

板玻璃行业节能降碳技术改造，并继续向建筑卫生陶瓷、玻璃纤维等重点领域不断拓展。同时提出打造"六零"示范工厂的概念，将建材行业绿色低碳发展的目标具象化，引导和促进企业加快转型。

三、科技创新的"杀手锏"不足

"十三五"以来，建材工业创新能力取得较大提升，但整体来看，仍以分层式创新为主，大部分生产技术来自国外。例如，新型干法水泥、浮法玻璃工艺、玻纤拉丝等主流技术多为跟随式开发或引进消化再开发；无机非金属新材料缺少原创性技术和世界领先的新技术新产品等。在产业结构加快转型、绿色低碳发展进程加快推进和产业链、供应链供应安全压力日益增加的背景下，建材行业科技创新的紧迫性和必要性须得到高度重视。

第七章

稀土行业

第一节　基本判断

一、市场供需分析

首次下发三批次指标，大幅提升稀土产品供给。2023 年，工信部和自然资源部分别于 2023 年 3 月 24 日、9 月 25 日和 12 月 15 日，下达了稀土开采、冶炼分离总量控制指标。综合考虑市场需求变化和各稀土集团指标执行情况等因素，稀土开采、冶炼分离总量控制指标通常一年分两批次下发，今年为首次下发第三批次年初预留指标。2023 年度稀土开采、冶炼分离总量控制指标分别为 255000 吨、243850 吨。与 2021 年相比，稀土开采、冶炼分离总量控制指标分别同比增长 21.4% 和 20.7%。其中，岩矿型稀土矿开采总量控制指标为 23.585 万吨，较上一年度增长 23.6%。岩矿型稀土矿调整增量根据实际情况进行了增减调整。离子型稀土矿的开采总量控制指标连续第三年未做调整，为 1.915 万吨。2016—2023 年第一批稀土开采、冶炼分离总量控制指标如表 7-1 所示。

2024 年第一批稀土开采、冶炼分离总量控制指标也已经公布，分别为 13.5 万吨、12.7 万吨。相较 2023 年第一批数据分别增长 12.5% 和 10.4%。其中，岩矿型稀土开采总量控制指标为 12.486 万吨，相较 2023 年第一批数据增长 14.5%；离子型稀土开采总量控制指标减少为 1.014 万吨，相较 2023 年第一批减少 7.4%。

表 7-1　2016—2023 年稀土开采、冶炼分离总量控制指标

年　份	矿产品开采总量指标		岩矿型稀土		离子型稀土		冶炼分离总量控制指标	
	数值/万吨	同比增长率/%	数值/万吨	同比增长率/%	数值/万吨	同比增长率/%	数值/万吨	同比增长率/%
2016	10.5	——	8.71	——	1.79	——	10	——
2017	10.5	0.0%	8.71	0.0%	1.79	0.0%	10	0.0%
2018	12	14.3%	10.085	15.8%	1.915	7.0%	11.5	15.0%
2019	13.2	10.0%	11.285	11.9%	1.915	0.0%	12.7	10.4%
2020	14	6.1%	12.085	7.1%	1.915	0.0%	13.5	6.3%
2021	16.8	20.0%	14.885	23.2%	1.915	0.0%	16.2	20.0%
2022	21	25.0%	19.085	28.2%	1.915	0.0%	20.2	24.7%
2023	25.5	21.4%	23.585	23.6%	1.915	0.0%	24.385	20.7%

数据来源：工业和信息化部，赛迪智库整理，2024.5。

2023 年，轻稀土矿产品指标中，中国北方稀土（集团）高科技股份有限公司（简称北方稀土）获 17.865 万吨开采指标，约占轻稀土矿产品开采指标的 75.8%；其他均为中国稀土集团有限公司（简称中国稀土）所有。轻稀土产品增量均来自北方稀土、中国稀土。离子型稀土矿产品开采指标中，中国稀土拥有 1.3 万吨，约占总指标的 67.9%，其他为厦门钨业股份有限公司（简称厦门钨业）、广东稀土产业集团有限公司所有。自 2020 年起，该指标一直没有改变（见表 7-2）。

表 7-2　2020—2023 年各集团稀土矿产品开采总量控制指标分配情况

序号	稀土集团		矿产品（REO，吨）				
			2020 年		2021 年	2022 年	2023 年
1	中国稀土集团有限公司	中国稀有稀土股份有限公司	17050 (2500)	合计：60310 (13010)	17050 (2500)		
		中国钢研科技集团有限公司	4300		4300		
					合计：60510 (13010)	合计：62210 (13010)	合计：70210 (13010)
		五矿稀土集团公司	2010 (2010)		2010 (2010)		

续表

序号	稀土集团		矿产品（REO，吨）			
			2020 年	2021 年	2022 年	2023 年
1	中国稀土集团有限公司	中国南方稀土集团有限公司	41250（8500）	42450（8500）		
		四川江铜稀土参股企业	32750	33950		
2	中国北方稀土（集团）高科技股份有限公司		73550	100350	141650	178650
3	厦门钨业股份有限公司		3440（3440）	3440（3440）	3440（3440）	3440（3440）
4	广东稀土产业集团有限公司		2700（2700）	2700（2700）	2700（2700）	2700（2700）
	中国有色金属建设股份有限公司		—	—	—	—
合计			14000（19150）	16800（19150）	210000（19150）	255000（19150）

注：（ ）中为离子型稀土矿产品开采指标。

数据来源：工业和信息化部，赛迪智库整理，2024.5。

2023 年，冶炼分离产品指标中，北方稀土获 16.32 万吨指标，占冶炼分离产品总指标的 66.9%；中国稀土获 6.6 万吨指标，占冶炼分离产品总指标的 27.1%，其他为厦门钨业、广东稀土所有（见表 7-3）。

表 7-3　2020—2023 年各集团稀土冶炼分离总量控制指标分配情况

序号	稀土集团		冶炼分离（REO，吨）			
			2020 年	2021 年	2022 年	2023 年
1	中国稀土集团有限公司	中国稀有稀土股份有限公司	23879	23879		
		中国钢研科技集团有限公司	1700	1700		
		五矿稀土集团公司	5658	5658		
		中国南方稀土集团有限公司	27112	28262		
		四川江铜稀土参股企业	19520	20670		
			合计：56649	合计：57799	合计：58499	合计：66049

续表

序号	稀土集团	冶炼分离（REO，吨）			
		2020 年	2021 年	2022 年	2023 年
2	中国北方稀土（集团）高科技股份有限公司	63784	89634	128934	163234
3	厦门钨业股份有限公司	3963	3963	3963	3963
4	广东省稀土产业集团有限公司	10604	10604	10604	10604
	其中：中国有色金属建设股份有限公司	3610	3610	3610	3610
合计		162000	162000	202000	243850

数据来源：工业和信息化部，赛迪智库整理，2024.5。

从需求方面看，新需求爆发带来的需求快速增长。受益于新能源汽车和电子工业等领域的高速发展，稀土永磁材料消费占比超 40%；冶金和机械、石化化工、玻璃陶瓷的占比分别为 12%、9% 和 8%，储氢材料和发光材料各占比为 7%；催化材料、抛光材料和农业轻纺各占比为 5%。

新能源汽车产业发展持续带动稀土消费提升。2023 年新能源汽车产销量大幅增加，新能源车渗透率不断提高，根据中国汽车工业协会数据，2023 年，我国汽车产销量分别达 3016.1 万辆和 3009.4 万辆，首次双双突破 3000 万辆，同比增长 11.6% 和 12%；2023 年新能源汽车产销量分别达到 958.7 万辆和 949.5 万辆，同比增长 35.8% 和 37.9%，市场占有率达到 31.6%。新能源汽车不断发展，给国内稀土行业带来长期利好。需要注意的是，虽然稀土永磁电动机目前仍是新能源汽车驱动电动机的最优解，但宝马第五代电驱系统 E-drive 已采用无稀土电动机，通用、丰田等厂商正加速研发不使用稀土的电动机，凭借技术更迭及成本优化，后续减少或弃用稀土材料的厂商可能增加。

机器人技术更迭加快提升对永磁电动机的需求。机器人应用领域覆盖了汽车、电子、家居等多个行业大类。稀土材料主要应用于机器人中的伺服电动机系统，凭借着钕铁硼材料的特性可大大提升机器人的反应速度。具体来看，机器人可分为工业机器人、服务机器人、特种机器人及人形机器人，其中，人形机器人下游大部分应用领域偏向于商用或家用场景，因此未来中低端的服务机器人或将被人形机器人所替代，稀土材料在机器人行业的发展未来可期。

风电直驱及半直驱装机量有望持续增长。风力发电的发电机按照技术分类可分为直驱式永磁同步发电机、半直驱式永磁同步发电机，以及双馈式异步发电机，其中，高性能钕铁硼永磁材料是直驱式及半直驱式风力发电机的关键材料部件。半直驱式发电机转速高，能兼顾发电机设计，融合了直驱式与半直驱式的优点。在"碳中和，碳达峰"政策驱动下，风电作为清洁能源的代表得到快速发展，钕铁硼磁材的需求也将受益于风电行业的健康发展。根据国家能源局数据，2023年，全国新增并网风电装机7566万千瓦，同比增加101.06%。此外，根据世界风能协会数据，2022年全球风电装机容量达到906GW，同比增加9.27%。2023年，国家能源局提出实现，风电装机规模4.3亿千瓦、太阳能发电装机规模4.9亿千瓦的目标。新增装机达1.6亿千瓦。随着消费预期好转，新增招标规模的高位运行，使得未来我国风电新增并网容量的可持续性增长前景较为明朗。未来五年全球风电新增并网总容量将达680GW。值得注意的是，近年来，为降低磁材使用成本，半直驱永磁同步发电机的渗透率有所提升，而正是由于半直驱相较直驱消耗更少的磁材，未来风电领域中钕铁硼磁材的需求增速或低于往年预期。

2023年，主要稀土功能材料产量保持平稳增长。稀土磁性材料方面，烧结钕铁硼毛坯产量为27万吨，同比增长17.4%。稀土催化材料方面，石油催化裂化催化剂产量为22.7万吨（国产催化剂），同比增长2.3%；机动车尾气净化剂产量为2085万升（自主品牌），同比增长7.2%。稀土发光材料方面，LED荧光粉产量为765.5吨，同比增长38.3%；三基色荧光粉产量为447吨，同比下降32.9%；长余辉荧光粉产量为265.5吨，同比增长10.4%。稀土储氢材料产量为9281吨，同比增长0.9%。稀土抛光材料产量为3.62万吨，同比下降2.9%（见表7-4）。

表7-4　2015—2023年度稀土功能材料产量表

稀土功能材料		单位	2015年	2016年	2017年	2018年	2019年	2020年	2021年	2022年	2023年
磁性材料	毛坯	万吨	14	14.1	14.8	15.5	17	17.85	20.71	23	27
	磁材	万吨	11	11.38	11.84	12.1	10.3	—	—	—	—
石油催化裂化材料		万吨	20	20	20	20	20.8	20	23	22.2	22.7
尾气净化催化材料		万升	2900	3800	4000	5600	1720	1450	1440	1945	2085
储氢材料		吨	8100	8300	9000	9000	8650	10092	10778	9200	9281
抛光材料		万吨	2	2.2	2.8	2.9	3.217	3.109	4.417	3.73	3.62

续表

稀土功能材料		单位	2015 年	2016 年	2017 年	2018 年	2019 年	2020 年	2021 年	2022 年	2023 年
发光材料	三基色	吨	2200	2000	1600	1500	1200	1113	831	666	447
	LED	吨	130	200	380	400	480	439	698	553.5	765.5
	长余辉	吨	210	210	220	300	580	242.8	262.5	240.5	265.5
稀土硅铁合金		吨	38600	36000	40000	42000	26702	22637	21200	19500	20796

数据来源：中国稀土行业协会，赛迪智库整理，2024 年 5 月。

二、产品价格走势

受供应影响稀土产品价格低迷。2023 年，受我国稀土资源供应量和东南亚稀土资源供应量增加等影响，稀土产品市场价格一度被拉低，不同品类间产品价格差距进一步加大。稳定的稀土市场对于我国庞大的下游产业至关重要。

图 7-1 为 2023 年稀土价格指数。

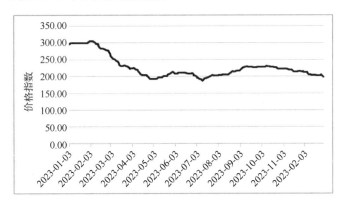

图 7-1　2023 年稀土价格指数

（数据来源：中国稀土行业协会，Wind 数据库，2024 年 5 月）

轻、重稀土产品价格走势有所分化。2023 年初，国内稀土市场价格大幅走低。一季度国内下游磁材企业询单稀少，磁材厂多以消耗现有库存为主，实际成交价格重心不断下移，稀土行情承压走低。加之稀土金属与氧化物价格同时下跌，金属厂的原料成本倒挂情况短期难以缓解，部分金属厂降负生产，下游采购不佳，供过于求致使稀土市场价格大幅下跌。二季度之后，轻、重稀土走势有所分化。

轻稀土价格走势大幅下滑，市场一直处于低位震荡阶段。随着国内稀土生产厂家不断复工复产，市场供应增加，镨钕产品成交以刚需为主。加之金属镨钕价格仍然倒挂，企业以保障长协订单供应为主，中间商谨慎少量补货，成交有限，此阶段轻稀土市场行情以低位震荡为主。2023 年氧化钕年初价格为 77 万元/吨，年末价格为 44.75 万元/吨，全年跌幅为 41.88%；氧化镨年初价格为 69.5 万元/吨，年末价格为 46.5 万元/吨，全年跌幅为 33.09%；金属钕年初价格为 95.25 万元/吨，年末价格为 56.75 万元/吨，全年跌幅为 40.42%；金属镨年初价格为 91.5 万元/吨，年末价格为 60 万元/吨，全年跌幅为 34.43%；镨钕氧化物年初价格为 71 万元/吨，年末价格为 44.75 万元/吨，全年跌幅为 36.97%；镨钕合金年初价格为 86.5 万元/吨，年末价格为 54.75 万元/吨，全年跌幅为 36.71%。

重稀土市场价格全年小幅下滑，二季度后出现震荡回升。二季度后受高温、降雨天气影响，部分稀土矿山企业生产受限，部分稀土制造商主动减产，导致市场现货库存量减少，四川地区的分离厂和金属厂有不同程度的减停产行为，加之缅甸方面进口货源受阻，利好因素支撑重稀土市场价格在年初下滑后出现震荡上涨，全年价格跌幅不大。2023 年氧化镝年初价格为 250 万元/吨，年末价格为 248 万元/吨，全年跌幅为 0.8%；金属镝年初价格为 321 万元/吨，年末价格为 317.5 万元/吨，全年跌幅为 1.09%；镝铁合金年初价格为 248.5 万元/吨，年末价格为 247 万元/吨，全年跌幅为 0.60%。

自 2020 年起，我国稀土产品价格持续下滑。如表 7-5 所示，2023 年，氧化镨、氧化钕、镨钕金属、氧化镝的平均价格分别为 480.7 元/公斤、491.1 元/公斤、578.8 元/公斤、2128.9 元/公斤，同比下降 43.8%、45.2%、43%、16.7%。

表 7-5　2020—2023 年我国具体稀土产品平均价格（单位：元/公斤）

产 品 名	2020 年	2021 年	2022 年	2023 年
氧化镧	10.9	10.0	7.9	5.5
氧化铈	10.9	10.0	9.1	5.9
氧化镨	322.4	593.8	855.9	480.7
氧化钕	327.7	627.9	896.2	491.1
金属钐	—	—	—	600.3
氧化钐	13.0	15.0	23.4	13.9

续表

产 品 名	2020 年	2021 年	2022 年	2023 年
氧化铈	212.5	204.4	198.0	181.5
氧化钆	172.0	257.1	462.1	261.4
钆铁	173.0	255.8	445.3	250.3
氧化铽	4592.7	8693.5	13730.8	8070.3
金属铽	—	—	—	10202.8
氧化镝	1802.8	2637.4	2555.9	2128.9
镝铁	1785.4	2615.3	2549.2	2071.8
氧化钬	405.2	897.3	1189.1	558.1
钬铁	418.1	911.2	1205.5	569.8
氧化铒	158.4	227.2	327.0	253.5
氧化镱	102.7	102.0	100.0	89.8
氧化镥	4258.8	5063.1	5431.2	5160.2
氧化钇	20.3	41.2	76.4	44.1
氧化镨钕	309.4	591.1	830.1	474.1
镨钕金属	390.9	728.7	1015.4	578.8

数据来源：稀土行业协会，赛迪智库整理，2024 年 5 月。

三、经济效益分析

受价格低迷影响稀土企业业绩普遍下滑。根据稀土上市公司已公布的年报，2023 年，厦门钨业实现营业总收入 393.98 亿元，为最高，同比下降 18.3%，实现利润总额 29.17 亿元，同比增长 13.43%。北方稀土实现营业总收入 334.97 亿元，同比下降 10.1%，实现利润总额 31.32 亿元，同比下降 57.89%。中国稀土实现营业总收入 39.88 亿元，同比下降 5.4%，实现利润总额 5.5 亿元，同比下降 45.2%。四大稀土集团中仅厦门钨业净利润实现了正向增长。下游磁材企业中，仅横店东磁营收、净利润均实现了正向增长，正海磁材净利润同比增加 29.03%（见表 7-6）。

表 7-6　2023 年稀土上市公司业绩比较

上 市 公 司	营业总收入/万元	同比增长率/%	利润总额/万元	同比增长率/%
北方稀土	3349699.31	-10.1	313210	-57.89
中国稀土	398831.01	-5.4	54950	-45.2

续表

上市公司	营业总收入/万元	同比增长率/%	利润总额/万元	同比增长率/%
厦门钨业	3939790.6	−18.3	291705.11	13.43
盛和资源	1787744.67	6.68	45869.35	−76.15
安泰科技	818748.77	10.55	36562.66	21.04
中科三环	835823.11	−13.97	46417.69	−63.57
大地熊	143015.06	−32.52	−7074.89	−145.59
宁波韵升	536942.77	−16.23	−30156.57	−180.75
英洛华	384885.79	−18.67	10783.68	−59.79
广晟有色	2080526.02	−9.01	−38303.65	−230.49
横店东磁	1972095.53	1.39	207583.59	25.1
金力永磁	668786.44	−6.66	61695.37	−19.53
正海磁材	587374.77	−7.05	55638.47	29.03
银河磁体	82394.45	−16.95	17984.63	−7.46
中钢天源	277060.44	0.3	36747.86	−19.4

数据来源：根据 Wind 数据库整理，2024 年 4 月。

四、进出口贸易情况

稀土产品出口呈现量增价跌态势。海关公布的统计数据显示，2023 年我国稀土产品出口数量约为 5.23 万吨，同比增加 7.3%，出口额 53.5 亿元，同比减少 24.5%。其中，稀土化合物出口约 4.28 万吨，同比增加 8.20%，出口额约 33.60 亿元，同比减少 21.24%，均价 78.5 元/公斤，同比减少 27.21%；稀土金属出口约 9452 吨，同比增加 3.42%，出口额约 16.43 亿元，同比减少 37.04%，均价 173.85 元/公斤，同比减少 39.13%（见表 7-7）。

表 7-7　2023 年稀土产品出口情况

	出口量/公斤	同比增长率/%	出口额/元	同比增长率/%	出口均价/元/公斤
稀土化合物	42,799,638	8.20%	3,359,788,223	−21.24%	78.50
稀土金属	9,451,572	3.42%	1,643,182,703	−37.04%	173.85
合计	52,251,210	7.31%	5,002,970,926	−27.24%	95.75

数据来源：中国稀土行业协会，赛迪智库整理，2023 年 4 月。

2012—2023 年稀土产品出口量及增长率如图 7-2 所示。

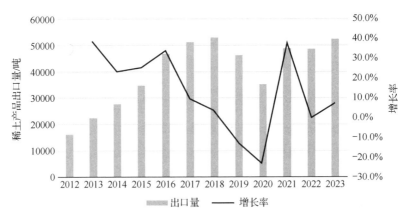

图 7-2　2012—2023 年稀土产品出口量及增长率
（数据来源：中国稀土行业协会，2024 年 4 月）

从贸易伙伴看，2023 年我国稀土产品出口至 64 个国家和地区，较 2022 年增加了 3 个（见表 7-8）。其中，出口日本 1.32 万吨，占总出口量的 25.31%，出口额达 29.37 亿元，占总出口额的 58.72%。出口美国 1.26 万吨，占总出口量的 24.08%，出口额达 4.68 亿元，占总出口额的 9.36%。

表 7-8　2023 年按贸易伙伴（国家和地区）分类稀土产品出口情况

序号	贸易伙伴名称	数量/公斤	金额/元	数量占比	金额占比
1	日本	13,223,471	2,937,726,686	25.31%	58.72%
2	美国	12,582,401	468,315,933	24.08%	9.36%
3	中国台湾	6,939,650	78,779,073	13.28%	1.57%
4	荷兰	5,556,414	197,916,037	10.63%	3.96%
5	韩国	1,980,698	358,127,191	3.79%	7.16%
6	俄罗斯	1,965,349	107,230,534	3.76%	2.14%
7	印度	1,792,143	63,696,253	3.43%	1.27%
8	意大利	1,485,448	80,465,907	2.84%	1.61%
9	巴西	1,350,727	10,266,788	2.59%	0.21%
10	法国	909,797	25,451,683	1.74%	0.51%
11	德国	699,474	112,708,896	1.34%	2.25%
12	越南	536,424	229,027,702	1.03%	4.58%
13	马来西亚	475,110	10,960,980	0.91%	0.22%
14	泰国	326,791	143,786,533	0.63%	2.87%

续表

序号	贸易伙伴名称	数量/公斤	金额/元	数量占比	金额占比
15	西班牙	316,250	11,231,165	0.61%	0.22%
16	加拿大	295,372	15,149,275	0.57%	0.30%
17	印度尼西亚	288,749	2,552,760	0.55%	0.05%
18	土耳其	250,773	2,859,003	0.48%	0.06%
19	英国	209,877	16,927,401	0.40%	0.49%
20	挪威	198,004	24,676,841	0.38%	0.34%
21	墨西哥	187,349	4,495,461	0.36%	0.09%
22	波兰	186,011	41,531,238	0.36%	0.83%
23	阿根廷	82,200	1,774,807	0.16%	0.04%
24	伊朗	71,850	1,684,989	0.14%	0.03%
25	阿联酋	71,037	6,601,287	0.14%	0.13%
26	巴基斯坦	52,890	2,537,998	0.10%	0.05%
27	澳大利亚	44,244	412,410	0.08%	0.01%
28	巴拉圭	41,000	820,719	0.08%	0.02%
29	阿曼	25,000	485,626	0.05%	0.01%
30	孟加拉国	16,000	178,969	0.03%	0.00%
31	斯洛文尼亚	13,080	1,233,004	0.03%	0.02%
32	奥地利	12,282	6,922,377	0.02%	0.01%
33	缅甸	11,540	334,492	0.02%	0.01%
34	埃及	10,890	453,649	0.02%	0.14%
35	菲律宾	7,300	20,290,489	0.01%	0.41%
36	斯里兰卡	6,040	212,283	0.01%	0.00%
37	匈牙利	5,445	1,718,172	0.01%	0.03%
38	哥伦比亚	4,550	193,594	0.01%	0.13%
39	比利时	4,120	6,645,654	0.01%	0.04%
40	葡萄牙	2,562	1,900,043	0.00%	0.00%
41	捷克	2,339	355,140	0.00%	0.01%
42	新西兰	2,028	28,335	0.00%	0.00%
43	白俄罗斯	1,380	814,183	0.00%	0.02%
44	中国香港	1,251	309,611	0.00%	0.01%
45	南非	1,025	97,971	0.00%	0.00%

续表

序号	贸易伙伴名称	数量/公斤	金额/元	数量占比	金额占比
46	希腊	1,000	18,750	0.00%	0.00%
47	哈萨克斯坦	748	2,048,835	0.00%	0.04%
48	瑞典	628	68,985	0.00%	0.00%
49	智利	544	67,946	0.00%	0.00%
50	芬兰	362	105,759	0.00%	0.00%
51	委内瑞拉	350	48,051	0.00%	0.00%
52	罗马尼亚	304	31,449	0.00%	0.00%
53	瑞士	212	62,278	0.00%	0.00%
54	尼加拉瓜	200	34,174	0.00%	0.00%
55	乌克兰	170	53,903	0.00%	0.00%
56	老挝	100	3,261	0.00%	0.00%
57	爱沙尼亚	60	103,129	0.00%	0.00%
58	克罗地亚	59	4,893	0.00%	0.00%
59	以色列	50	4,797	0.00%	0.00%
60	突尼斯	50	5,380	0.00%	0.00%
61	丹麦	20	6,487	0.00%	0.00%
62	新加坡	11	410,320	0.00%	0.01%
63	萨尔瓦多	5	1,437	0.00%	0.00%
64	保加利亚	2	1,950	0.00%	0.00%
	合计	52,251,210	5,002,970,926	100.00%	100.00%

数据来源：中国稀土行业协会，赛迪智库整理，2024 年 4 月。

　　2023 年我国共进口 43 种海关编码稀土产品，较 2022 年减少了 1 种，进口数量为 10.94 万吨（其中，稀土化合物 10.91 万吨，稀土金属仅 25.45 吨），进口额为 133 亿元，进口数量同比增长 144.74%，进口额同比增长 84.62%。进口的稀土产品来自 31 个国家和地区，较 2022 年增加 5 个，进口数量位列前 4 位的国家合计占比 96.82%，见表 7-9。从进口数量看，2023 年从缅甸进口数量同比增加 204%；从马来西亚进口数量同比增加 165%；从老挝进口数量高达 1.13 万吨，超过越南排名第三，老挝成为我国稀土进口的又一重要来源；从越南进口数量同比基本持平。

　　稀土矿产品进口理论上折合稀土氧化物约 17.32 万吨。其中，钛矿砂及

其精矿、混合碳酸稀土、稀土金属矿、未列名氧化稀土和未列名稀土金属及
其混合物的化合物这五种稀土矿产品可提取稀土氧化物约 11.2 万吨，同比增
加 44.33%；进口额合计约 150 亿元，同比增加 33%。从锆矿砂及其精矿、钛
矿砂及其精矿中理论上可综合回收稀土矿折合氧化物约 6 万吨。

表 7-9　2023 年按贸易伙伴（国家和地区）分类稀土产品进口情况

序号	贸易伙伴名称	数量/公斤	金额/元	数量占比	金额占比
1	缅甸	72,073,758	10,096,344,335	65.90%	75.87%
2	马来西亚	19,080,988	1,496,020,205	17.45%	11.24%
3	老挝	11,307,683	734,739,590	10.34%	5.52%
4	越南	3,427,314	444,983,780	3.13%	3.34%
5	哈萨克斯坦	1,255,554	63,357,666	1.15%	0.48%
6	印度	805,002	30,387,328	0.74%	0.23%
7	美国	489,940	61,382,654	0.45%	0.46%
8	日本	466,419	250,317,462	0.43%	1.88%
9	俄罗斯	240,715	7,111,406	0.22%	0.05%
10	爱沙尼亚	110,000	28,754,421	0.10%	0.22%
11	泰国	38,800	10,108,191	0.04%	0.08%
12	韩国	33,220	34,993,368	0.03%	0.26%
13	南非	20,000	2,993,234	0.02%	0.02%
14	法国	13,637	9,515,627	0.01%	0.07%
15	德国	5,444	18,935,543	—	0.14%
16	奥地利	2,189	555,758	—	0.00%
17	英国	1,802	4,576,529	—	0.03%
18	意大利	400	477,804	—	0.00%
19	中国台湾	398	10,146,838	—	0.08%
20	葡萄牙	152	100,089	—	0.00%
21	瑞士	18	1,984,951	—	0.01%
22	土耳其	6	45,428	—	—
23	挪威	3	25,058	—	—
24	爱尔兰	1	13,250	—	—
25	新加坡	—	4,162	—	—
26	加拿大	—	65,210	—	—

续表

序号	贸易伙伴名称	数量/公斤	金额/元	数量占比	金额占比
27	亚美尼亚（2023年起）	—	615	—	—
28	乌克兰	—	1,887	—	—
29	捷克	—	163	—	—
30	芬兰	—	22,153	—	—
31	墨西哥	—	1400	—	—
	合计	109,373,443	13,307,966,105	100.00%	100.00%

数据来源：中国稀土行业协会，赛迪智库整理，2024年4月。

总体来看，稀土海关编码产品出口额50亿元，进口额133亿元；稀土矿产品钍矿砂及其精矿和稀土金属矿的进口额合计31.79亿元。稀土矿及冶炼分离产品贸易逆差114.79亿元。2023年进口稀土矿类产品折稀土氧化物数量较2022年同比增加44.33%，其主要原因是市场需求增加，国内稀土矿供应不足，除北方稀土以外的稀土分离企业难以获得国内稀土矿，需要从海外大量进口。此外，2021年以来，镨钕铽镝等主要稀土产品价格高位运行，刺激了海外稀土资源的开发。

第二节　需要关注的几个问题

一、稀土资源的战略性愈发突出，全球稀土多元化供给格局形成冲击我国稀土产业优势地位

一是稀土在实现"双碳"目标、构建现代能源体系、支撑国防军工建设等方面作用更为突出。新科技产业革命与我国现代化建设新征程交汇，全球供应链、产业链、价值链和产业分工面临重构。5G、智能手机、汽车、人工智能、智慧城市、数字经济、新基建等新兴产业的快速发展对稀土等新材料提出新的要求。产业向高端化、绿色化、智能化方向的转型升级，以及人们对生态环境保护意识的加强都给稀土行业带来了新的发展契机。稀土是低碳清洁技术所需关键原材料，在国防军工和高精尖领域有不可替代的地位，在新能源汽车、稀土永磁电动机、工业机器人、国防科工装备等领域的应用价值逐步凸显。美国F35战机中发动机使用了钐钴永磁体。2022年9月，搭载高性能电动机的特斯拉Optimus机器人的发布，极大提高了对高性能稀土永

磁材料的需求。

二是作为关键战略性矿产资源，美国、欧盟、日本和加拿大都提出要建立本国稀土供应链。美国国防部与澳大利亚莱纳斯公司签署 1.2 亿美元协议，建造美国本土首批重稀土分离设施之一。欧盟发布《欧洲关键原材料法案》，确保本国稀土等矿物供应安全。日本计划于 2024 年开始从海底淤泥中提取稀土金属，并拨款 4400 万美元，用于海底试开采项目。加拿大 Nechalacho 稀土矿已交付。美国钼公司、澳大利亚莱纳斯公司等开始逐步扩大生产规模，提高稀土产量。

三是东南亚稀土生产体系逐步建立，包括越南、缅甸、泰国、马来西亚等在内的东南亚地区已形成基本完备的轻中重稀土开采、分离、金属加工生产体系，随着该体系的逐步完善和成熟，将进一步冲击我国国内稀土生产。

二、全球经济下行压力较大，我国稀土行业发展面临的国际工业经济形势日趋严峻

一是全球经济下行风险增大。国际货币基金组织预测，全球经济增速预计从 2022 年的 3.5% 放缓至 2023 年的 3.0% 和 2024 年的 2.9%。当前发达经济体整体增长乏力，部分新兴经济体增速下行，加之全球高通胀加剧，导致主要发达经济体纷纷采用紧缩性货币政策，使得我国当前所面临的外需疲弱，出口对经济增长的拉动作用减弱。预计 2024 年，俄乌冲突、巴以冲突导致的地缘政治紧张局势，给全球能源、大宗商品和金融市场带来巨大的冲击和不稳定。各国央行为抗击通胀采取的加息政策，持续对经济产生拖累，"十四五"后期我国稀土行业发展面临的国际工业经济形势日趋严峻。

全球经济处于大变革、大调整时期，国际政治经济格局变化趋势加快，中美贸易摩擦加剧，对稀土等战略性资源的关注度持续提升。我国在稀土生产、供应、出口和消费方面占据绝对优势地位，却没有得到应有的市场和效益，缺乏国际话语权和定价权，制约了行业发展。此外，2020 年初全球暴发新冠疫情以来，引发了前所未有的需求冲击、全球经济衰退和交通物流领域的崩溃，冲击了稀土行业的正常经营和发展。国际经济环境日趋加剧的不确定性给稀土行业"十四五"发展带来诸多挑战。

二是贸易保护主义威胁全球贸易稳定增长。近年来，随着一些国家"逆全球化"思潮涌动，贸易保护主义抬头，对外贸易政策更加保守，贸易限制措施增多。我国稀土产品对外贸易发展环境更加严峻复杂，原材料产品出口

将遇到更大困难，但长期来看，会倒逼我国稀土产业由初级产品生产向高附加值方向发展。

三、我国经济向高质量发展，亟须我国稀土行业加快实现由大到强的高质量转变

"十四五"时期是我国经济由高速增长阶段转向高质量发展阶段的重要阶段。我国稀土产业已成为最具中国特色的战略产业之一，广泛应用于航空、航天、信息、电子、能源、交通、医疗卫生等领域，是国民经济可持续发展不可缺少的重要战略资源，但目前稀土产业发展与产业需求方面尚未匹配，整个行业距离高质量发展要求还有很大差距。我国在稀土生产、供应、出口和消费方面占据绝对优势地位，但并未将资源优势转化为产业优势，我国作为世界最大的稀土产品生产和供应国却没有得到应有的市场和效益。

区 域 篇

第八章

东部地区

2023 年，我国东部地区乙烯、纯碱等主要石化化工产品产量实现同比增长，硫酸产量略有下降，甲醇价格呈"V"形走势；生铁、粗钢、钢材产量均稍有增长，螺纹钢价格呈先升后降再震荡攀升态势，热轧卷板价格走势表现为"M"形，年末价格又有所回升；十种有色金属产量涨幅较大，铜价基本呈现"M"形走势；水泥、平板玻璃产量均同比下降，水泥价格呈先降后升态势。

第一节　石化化工行业

一、生产情况

2023 年，东部地区的乙烯产量为 2118.3 万吨，同比增长 18.4%，其中，江苏和广东的乙烯产量分别为 644.3 万吨和 396.9 万吨。产量增幅较大的省份为江苏和山东，分别同比增长 65.1% 和 35.0%。2023 年，东部地区硫酸产量总计 1883.8 万吨，同比下降 1.1%。山东硫酸产量达到 585.0 万吨，为东部地区最高值。广东硫酸产量增幅最大，为 9.9%。2023 年，东部地区烧碱产量为 2098.2 万吨，同比增长 4.5%。其中，福建产量增幅最高，达到 160.9%。山东烧碱产量最高，为 1111.8 万吨，占东部地区总产量的 53.0%（见表 8-1）。

表 8-1　2023 年东部地区主要石化化工产品生产情况

地　区	乙　烯		硫　酸		烧　碱	
	产量/万吨	同比增长率/%	产量/万吨	同比增长率/%	产量/万吨	同比增长率/%
北京	69.8	-1.8	—	—	—	—

续表

地　区	乙　烯		硫　酸		烧　碱	
	产量/万吨	同比增长率/%	产量/万吨	同比增长率/%	产量/万吨	同比增长率/%
天津	147.6	7.5	20.4	-1.4	93.1	10.7
河北	0.34	-69.1	174.1	8.5	150.9	5.5
上海	145.0	-11.1	5.9	5.4	73.1	-2.0
江苏	644.3	65.1	264.5	-6.7	334.0	2.7
浙江	241.5	1.6	287.4	0.6	232.8	-3.0
福建	193.0	1.8	285.6	-19.9	68.1	160.9
山东	279.9	35.0	585.0	5.4	1111.8	2.8
广东	396.9	1.5	260.9	9.9	34.4	1.2
海南	—	—	—	—	—	—
东部地区	2118.3	18.4	1883.8	-1.1	2098.2	4.5

数据来源：Wind 数据库，2024 年 04 月。

二、市场情况

以江苏为例，2023 年甲醇价格总体保持在 2010～2805 元/吨区间内，呈"V"形变化趋势。2023 年 1 月底，甲醇价格达到峰值 2805 元/吨，6 月中旬达到全年最低值 2010 元/吨，震荡上行后逐渐趋于稳定，年底收于 2440 元/吨。（见图 8-1）。

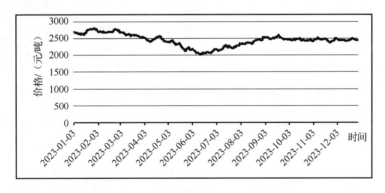

图 8-1　2023 年江苏甲醇市场价格走势

（数据来源：Wind 数据库，2024 年 04 月）

第二节　钢铁行业

一、生产情况

2023 年，我国东部地区生铁产量共计 44739.9 万吨，同比增长 0.3%；粗钢产量为 52126.9 万吨，同比增长 1.0%；钢材产量为 78369.5 万吨，同比增长 1.4%（见表 8-2）。2023 年东部地区生铁、粗钢和钢材产量占全国总产量的比重分别为 51.4%、51.2% 和 57.5%，与上年同期基本持平，仅粗钢产量占比略有提高。

表 8-2　2023 年东部地区钢铁生产情况

地　　区	生　铁		粗　钢		钢　材	
	产量/万吨	同比增长率/%	产量/万吨	同比增长率/%	产量/万吨	同比增长率/%
北京	—	—	—	—	183.7	-0.3
天津	1895.3	6.9	1644.5	-5.4	5991.9	8.1
河北	19530.8	-1.6	21050.6	-0.7	29792.6	-7.4
上海	1460.4	5.1	1573.3	4.8	1917.2	-0.2
江苏	9762.1	1.3	11859.2	2.1	16193.9	8.8
浙江	873.6	8.8	1445.8	4.9	3155.8	7.5
福建	1486.1	7.5	3405.5	13.7	3956.8	12.9
山东	7293.9	-1.1	7455.9	-1.9	10858.5	3.1
广东	2437.6	0.7	3692.1	3.4	6319.1	12.3
海南	—	—	—	—	—	—
东部地区	44739.9	0.3	52126.9	1.0	78369.5	1.4

数据来源：Wind 数据库，2024 年 4 月。

二、市场情况

2023 年，东部地区螺纹钢价格总体呈先升后降再震荡攀升的态势。以直径 20mm 的 400MPa 螺纹钢为例，2023 年 1—3 月份价格缓慢上行，随后降至 5 月末的全年最低点，下半年缓慢攀升，年底价格较年初有明显下降。重点城市中，最高价出现在 1 月末的广州，为 4620.0 元/吨，最低价出现在 5 月末的上海，为 3510.0 元/吨。12 月末，北京、天津、广州和上海的价格分别为 3870.0 元/吨、3880.0 元/吨、4250.0 元/吨和 3980.0 元/吨，均同比下降（见表 8-3）。

表 8-3　2023 年东部地区重点城市 HRB400 20mm 螺纹钢价格（单位：元/吨）

时　间	北　京	天　津	广　州	上　海
2022 年 12 月末	3980.0	4000.0	4400.0	4100.0
2023 年 1 月末	4130.0	4140.0	4620.0	4230.0
2023 年 2 月末	4160.0	4180.0	4540.0	4240.0
2023 年 3 月末	4170.0	4200.0	4360.0	4260.0
2023 年 4 月末	3730.0	3750.0	3970.0	3830.0
2023 年 5 月末	3640.0	3630.0	3710.0	3510.0
2023 年 6 月末	3760.0	3770.0	3870.0	3770.0
2023 年 7 月末	3770.0	3780.0	3970.0	3790.0
2023 年 8 月末	3630.0	3660.0	3950.0	3740.0
2023 年 9 月末	3730.0	3750.0	3910.0	3790.0
2023 年 10 月末	3790.0	3780.0	3910.0	3840.0
2023 年 11 月末	3890.0	3900.0	4170.0	4020.0
2023 年 12 月末	3870.0	3880.0	4250.0	3980.0

数据来源：Wind 数据库，2024 年 04 月。

2023 年，东部地区重点城市的热轧卷板价格走势表现为"M"形，年末价格有所回升。以 4.75mm 热轧卷板为例，2023 年 1—3 月价格缓慢上行，3 月末达到价格高点后下行，5 月末出现全年价格最低点，下半年震荡上行。2023 年年底，北京、天津、杭州、上海、邯郸的 4.75mm 热轧卷板价格分别为 4110.0 元/吨、3970.0 元/吨、4130.0 元/吨、4070.0 元/吨和 3990.0 元/吨，较上年末分别下降 1.2%、1.7%、1.7%、2.6%和 3.6%（见表 8-4）。

表 8-4　2023 年东部地区重点城市 4.75mm 热轧卷板价格（单位：元/吨）

时　间	北　京	天　津	杭　州	上　海	邯　郸
2022 年 12 月末	4160.0	4040.0	4200.0	4180.0	4140.0
2023 年 1 月末	4300.0	4160.0	4240.0	4220.0	4200.0
2023 年 2 月末	4320.0	4220.0	4340.0	4280.0	4240.0
2023 年 3 月末	4410.0	4310.0	4400.0	4340.0	4390.0
2023 年 4 月末	4010.0	3850.0	4000.0	3980.0	3850.0
2023 年 5 月末	3730.0	3610.0	3780.0	3740.0	3620.0
2023 年 6 月末	3940.0	3850.0	3910.0	3870.0	3820.0

时　　间	北　京	天　津	杭　州	上　海	邯　郸
2023 年 7 月末	4080.0	4040.0	4100.0	4080.0	4020.0
2023 年 8 月末	3980.0	3910.0	3910.0	3910.0	3940.0
2023 年 9 月末	3960.0	3840.0	3850.0	3810.0	3870.0
2023 年 10 月末	3900.0	3810.0	3880.0	3830.0	3820.0
2023 年 11 月末	4030.0	3920.0	4020.0	3970.0	3950.0
2023 年 12 月末	4110.0	3970.0	4130.0	4070.0	3990.0

数据来源：Wind 数据库，2024 年 04 月。

第三节　有色金属行业

一、生产情况

2023 年，东部地区十种有色金属的产量涨幅较大，达到 1279.2 万吨，同比增长 8.9%，占全国总产量的 17.1%，占比较上年减少 0.2 个百分点。其中，河北、广东的产量涨幅最高，分别为 128.0% 和 38.8%，其他省份产量也均有所增长。山东十种有色金属产量达到 913.8 万吨，占东部地区总产量的 71.4%，占比较上年减少 2.2 个百分点（见表 8-5）。

表 8-5　2022-2023 年东部地区十种有色金属生产情况

地　　区	2023 年		2022 年	
	产量/万吨	同比增长率/%	产量/万吨	同比增长率/%
山东	913.8	5.6	865.1	-4.3
福建	109.4	15.8	94.5	5.5
江苏	97.2	6.5	91.3	3.9
浙江	73.4	12.1	65.5	8.4
广东	74.0	38.8	53.3	6.6
河北	11.4	128.0	5.0	35.1
天津	—	—	—	—
上海	—	—	—	—
东部地区	1279.2	8.9	1174.7	-1.7

数据来源：Wind 数据库，2024 年 4 月。

二、市场情况

以北京为例，2023 年铜现货平均价格基本呈现"M"形走势，上半年铜价先升后降，5 月底达到最低值 63860.0 元/吨；下半年，铜价先上涨至 8 月初峰值的 71060.0 元/吨，又下跌至 10 月下旬的 66030.0 元/吨，之后震荡上行至年末的 69230.0 元/吨，较年初价格上涨 5.1%（见图 8-2）。

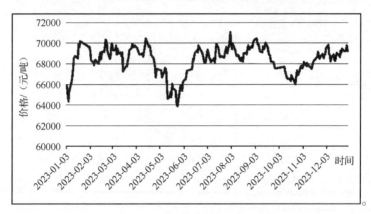

图 8-2　东部地区典型城市铜市场价格（以北京为例）

（数据来源：Wind 数据库，2024 年 4 月）

第四节　建材行业

一、生产情况

2023 年，东部地区水泥产量总计 74899.5 万吨，同比下降 3.9%。从产量来看，广东和江苏产量位列前二，分别为 14322.3 万吨和 14280.3 万吨，北京市产量最低，仅为 200.0 万吨；从增速来看，上海、河北和江苏产量同比增长，其他省市均同比下降。东部地区平板玻璃产量为 46023.5 万重量箱，同比下降 6.3%；河北产量最高，达到 13314.4 万重量箱；海南、北京和山东的产量实现正增长，分别同比增长 37.7%、14.9%和 4.5%；浙江、天津、广东的产量降幅较大，分别为 15.3%、13.8%和 13.6%（见表 8-6）。

表 8-6　2023 年东部地区主要建材产品生产情况

区　　域	水　泥		平 板 玻 璃	
	产量/万吨	同比增长率/%	产量/万重量箱	同比增长率/%
北京	200.0	-1.7	48.5	14.9
天津	484.0	-8.6	2975.8	-13.8
河北	9982.0	0.8	13314.4	-6.2
上海	441.7	22.4	—	—
江苏	14280.3	0.5	1832.9	-9.3
浙江	12710.8	-1.7	3822.5	-15.3
福建	8038.7	-16.8	5303.9	-2.5
山东	12894.3	-3.8	8647.1	4.5
广东	14322.3	-5.3	8931.6	-13.6
海南	1545.4	-5.0	1146.8	37.7
合计	74899.5	-3.9	46023.5	-6.3

数据来源：Wind 数据库，2024 年 4 月。

二、市场情况

2023 年，东部地区水泥价格总体呈现先降后升态势。北京、天津、石家庄、济南等重点城市的年初价格约为 500.0 元/吨，年末价格跌至 450.0 元/吨左右；上海全年维持在 435 元/吨以上，南京年初和年末价格均为 400.0 元/吨左右。重点城市中，最低价出现在 10 月末的天津，为 295.0 元/吨；最高价出现在 1 月末的北京，为 517.0 元/吨（见表 8-7）。

表 8-7　2023 年东部地区部分城市的水泥价格（单位：元/吨）

	北　京	天　津	石家庄	上　海	南　京	济　南
1 月末	517.0	498.0	490.0	462.0	405.0	497.0
2 月末	365.0	313.0	450.0	485.0	433.0	497.0
3 月末	353.0	313.0	485.0	515.0	461.0	507.0
4 月末	358.0	313.0	484.0	495.0	446.0	487.0
5 月末	358.0	313.0	484.0	475.0	411.0	487.0
6 月末	350.0	298.0	464.0	445.0	360.0	417.0
7 月末	350.0	298.0	444.0	445.0	349.0	387.0

续表

	北　京	天　津	石　家　庄	上　海	南　京	济　南
8月末	350.0	298.0	444.0	435.0	329.0	407.0
9月末	350.0	302.0	444.0	435.0	349.0	417.0
10月末	343.0	295.0	444.0	455.0	369.0	427.0
11月末	457.0	413.0	444.0	450.0	347.0	457.0
12月末	457.0	416.0	454.0	480.0	397.0	447.0

数据来源：Wind 数据库，2024 年 4 月。

第九章

中部地区

2023 年，我国中部地区硫酸、纯碱等主要石化化工产品产量同比下降，乙烯产量同比增加，甲醇价格呈"V"形走势；生铁产量稍有增长，粗钢、钢材产量略有下降，螺纹钢价格先升后降再震荡回升，热轧卷板价格呈"M"形走势，年末价格有所回升；十种有色金属产量同比下降，铜价呈"M"形变化；水泥、平板玻璃产量均同比下降，水泥价格呈先升后降态势。

第一节 石化化工行业

一、生产情况

2023 年，中部地区乙烯产量总计 129.7 万吨，同比增长 6.7%，其中，湖北产量最高，达到 101.7 万吨；2023 年，中部地区硫酸产量为 2803.4 万吨，同比下降 4.9%，其中，湖北产量最高，达到 995.3 万吨；2023 年，中部地区烧碱产量为 629.3 万吨，同比下降 1.6%，其中，江西产量降幅高达 21.2%，湖南产量同比上涨 15.7%（见表 9-1）。

表 9-1　2023 年中部地区主要石化化工产品生产情况

地　区	乙　烯		硫　酸		烧　碱	
	产量/ 万吨	同比增长 率/%	产量/ 万吨	同比增长 率/%	产量/ 万吨	同比增长 率/%
山西	—	—	53.0	-10.5	93.1	-1.7
安徽	—	—	645.8	-8.2	86.0	6.2
江西	1.4	0	339.9	-0.7	91.3	-21.2
河南	26.1	3.6	545.7	3.3	184.6	-0.9
湖北	101.7	8.5	995.3	-9.0	98.4	2.7

续表

地　　区	乙　　烯		硫　　酸		烧　　碱	
	产量/万吨	同比增长率/%	产量/万吨	同比增长率/%	产量/万吨	同比增长率/%
湖南	0.5	−58.3	223.7	1.9	75.9	15.7
合计	129.7	6.7	2803.4	−4.9	629.3	−1.6

数据来源：Wind 数据库，2024 年 4 月。

二、市场情况

2023 年安徽甲醇市场价格走势与江苏基本类似，呈"V"形走势。总体在 2050～2730 元/吨区间波动，2 月底达到 2730 元/吨的价格峰值，6 月中旬降至最低值 2050 元/吨，之后回升上涨并保持在 2500 元/吨附近，年末价格降至 2470 元/吨，如图 9-1 所示。

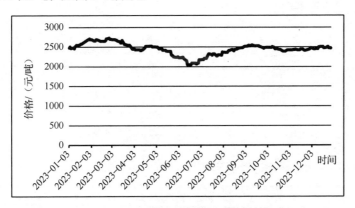

图 9-1　2023 年安徽甲醇市场价格走势

（数据来源：Wind 数据库，2024 年 04 月）

第二节　钢铁行业

一、生产情况

2023 年，中部地区生铁、粗钢和钢材产量分别为 19436.9 万吨、22160.9 万吨和 24827.4 万吨，分别同比增长 2.7%、−0.5%和−0.2%，见表 9-2。2023 年中部地区的粗钢和钢材产量占全国总产量的比重分别为 21.7%和 18.2%，均较上年同期略有下降；生铁产量占比为 22.3%，高于上年同期水平。

表 9-2　2023 年中部地区钢铁生产情况

地　　区	生　铁		粗　钢		钢　材	
	产量/万吨	同比增长率/%	产量/万吨	同比增长率/%	产量/万吨	同比增长率/%
山西	6015.3	3.1	6292	-2.0	6876.6	8.2
安徽	3111.2	5.2	3891.5	4.9	4164.9	5.1
江西	2446.7	2.6	2658.5	-1.2	3646.3	5.5
河南	2819.1	2.8	3262.4	2.4	3400.2	-18.2
湖北	2863.8	1.1	3640.9	-0.4	3848.6	-1.6
湖南	2180.8	0.1	2415.6	-7.5	2890.8	-4.9
合计	19436.9	2.7	22160.9	-0.5	24827.4	-0.2

数据来源：Wind 数据库，2024 年 4 月。

二、市场情况

2023 年，中部地区螺纹钢价格呈现先升后降再震荡回升的态势。以直径 20mm 的 400MPa 螺纹钢为例，2023 年 1—3 月份价格缓慢上涨，之后下降至 5 月末的全年最低点，下半年价格缓慢回升。12 月末，武汉、合肥、长沙、郑州和太原 5 个城市的价格分别达到 4060.0 元/吨、4230.0 元/吨、4360.0 元/吨、4000.0 元/吨和 3990.0 元/吨，仅长沙较上年末增长 2.1%，其他城市的价格均为下降（见表 9-3）。

表 9-3　2023 年中部地区重点城市 HRB400 20mm 螺纹钢价格（单位：元/吨）

时　　间	武　汉	合　肥	长　沙	郑　州	太　原
2022 年 12 月末	4090.0	4280.0	4270.0	4150.0	4120.0
2023 年 1 月末	4270.0	4520.0	4440.0	4280.0	4290.0
2023 年 2 月末	4270.0	4430.0	4400.0	4280.0	4330.0
2023 年 3 月末	4270.0	4490.0	4450.0	4310.0	4290.0
2023 年 4 月末	3860.0	4010.0	4080.0	3850.0	3850.0
2023 年 5 月末	3570.0	3730.0	3840.0	3650.0	3690.0
2023 年 6 月末	3810.0	3960.0	4000.0	3850.0	3820.0
2023 年 7 月末	3880.0	3980.0	4060.0	3860.0	3860.0
2023 年 8 月末	3760.0	3910.0	3960.0	3770.0	3740.0
2023 年 9 月末	3770.0	3970.0	4000.0	3850.0	3840.0
2023 年 10 月末	3820.0	4040.0	4050.0	3870.0	3880.0

续表

时　间	武　汉	合　肥	长　沙	郑　州	太　原
2023 年 11 月末	4030.0	4260.0	4240.0	4020.0	4020.0
2023 年 12 月末	4060.0	4230.0	4360.0	4000.0	3990.0

数据来源：Wind 数据库，2024 年 04 月。

　　2023 年，中部地区重点城市的热轧卷板价格总体呈现"M"形走势，年末价格有所回升。以 4.75mm 热轧卷板价格为例，2023 年 1—3 月价格上行达到高峰，之后震荡下行至 5 月末的最低点，下半年价格先升后降再升高。2023 年年底，武汉、合肥、长沙、郑州和太原 4.75mm 热轧卷板价格分别为4100.0 元/吨、4230.0 元/吨、4230.0 元/吨、4000.0 元/吨和 4000.0 元/吨，增速分别为-1.4%、1.2%、0.7%、-3.6%和-2.2%（见表 9-4）。

表 9-4　2023 年中部地区重点城市 4.75mm 热轧卷板价格（单位：元/吨）

时　间	武　汉	合　肥	长　沙	郑　州	太　原
2022 年 12 月末	4160.0	4180.0	4200.0	4150.0	4090.0
2023 年 1 月末	4240.0	4360.0	4310.0	4220.0	4260.0
2023 年 2 月末	4320.0	4410.0	4350.0	4230.0	4270.0
2023 年 3 月末	4400.0	4470.0	4470.0	4380.0	4360.0
2023 年 4 月末	3960.0	4180.0	4030.0	3850.0	3900.0
2023 年 5 月末	3650.0	3900.0	3780.0	3630.0	3630.0
2023 年 6 月末	3840.0	4020.0	3870.0	3800.0	3880.0
2023 年 7 月末	4060.0	4120.0	4090.0	4030.0	4030.0
2023 年 8 月末	3940.0	4030.0	3960.0	3960.0	3950.0
2023 年 9 月末	3880.0	3930.0	3930.0	3870.0	3930.0
2023 年 10 月末	3860.0	3930.0	3890.0	3830.0	3860.0
2023 年 11 月末	4030.0	4140.0	4070.0	3960.0	3970.0
2023 年 12 月末	4100.0	4230.0	4230.0	4000.0	4000.0

数据来源：Wind 数据库，2024 年 04 月。

第三节　有色金属行业

一、生产情况

　　2023 年，中部地区十种有色金属产量共计 1512.8 万吨，同比下降 0.8%，占全国总产量的 20.3%，较上年提高 2.2 个百分点。其中，河南十种有色金属产量为 495.6 万吨，同比增长 6.7%，占中部地区总产量的 32.8%（见表 9-5）。

表 9-5　2022—2023 年中部地区十种有色金属生产情况

地　　区	2023 年		2022 年	
	产量/万吨	同比增长率/%	产量/万吨	同比增长率/%
河南	495.6	6.7	464.5	9.7
安徽	270.6	−15.5	320.4	7.7
湖南	212.6	−8.5	232.3	−0.4
江西	257.6	3.7	248.3	13.4
山西	147.8	1.4	145.7	15.5
湖北	128.6	12.6	114.2	20.5
合计	1512.8	−0.8	1525.4	9.4

数据来源：Wind 数据库，2024 年 4 月。

二、市场情况

以武汉为例，2023 年铜现货的平均价格变化趋势与北京极其相似，总体呈现 "M" 形走势。上半年铜价先升后降，5 月底达到最低值 63885.0 元/吨；下半年，铜价先上涨至 8 月初的峰值 71080.0 元/吨，又缓慢下降至 10 月下旬的 66270.0 元/吨，之后震荡上行至年末的 69250.0 元/吨，较年初价格上涨5.1%（见图 9-2）。

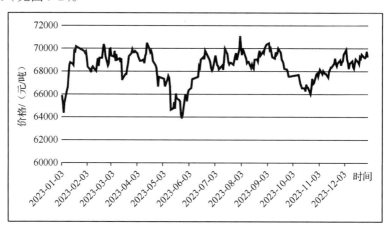

图 9-2　武汉的铜市场价格走势

（数据来源：Wind 数据库，2024 年 4 月）

第四节　建材行业

一、生产情况

2023 年，中部地区水泥产量为 53985.9 万吨，同比下降 10.3%。从产量看，安徽省产量最高，达到 13251.7 万吨，同比下降 6.7%；山西省产量最低，为 4660.6 万吨，同比下降 2.9%；从增速看，中部地区各个省份的产量均同比下降，湖南省降幅最大，为 16.7%。2023 年，中部地区平板玻璃产量为 23875.7 万重量箱，同比下降 1.1%。其中，湖北产量最高，达到 10668.9 万重量箱，同比下降 0.3%；安徽产量增速最高，为 17.4%，河南产量降幅最大，为 21.7%（见表 9-6）。

表 9-6　2023 年中部地区主要建材产品生产情况

地　　区	水　　泥		平　板　玻　璃	
	产量/万吨	同比增长率/%	产量/万重量箱	同比增长率/%
山西	4660.6	-2.9	2258.4	4.0
安徽	13251.7	-6.7	4946.2	17.4
江西	8341.1	-4.9	393.4	8.1
河南	9553.9	-16.5	1280.0	-21.7
湖北	9892.7	-10.5	10668.9	-0.3
湖南	8285.9	-16.7	4328.8	-14.4
合计	53985.9	-10.3	23875.7	-1.1

数据来源：Wind 数据库，2024 年 4 月。

二、市场情况

2023 年，中部地区水泥价格总体呈现先升后降态势。重点城市中，年内最高价出现在 3 月末的武汉，价格为 536.0 元/吨。年内最低价出现在 7 月末的郑州，价格为 341.0 元/吨。太原和武汉的水泥价格一直维持在 400 元/吨之上，整体波动较小（见表 9-7）。

表 9-7　2023 年中部地区重点城市水泥价格（单位：元/吨）

	太　原	合　肥	郑　州	武　汉	长　沙
1 月中	527.0	416.0	431.0	486.0	505.0

续表

	太 原	合 肥	郑 州	武 汉	长 沙
2 月末	497.0	448.0	421.0	476.0	505.0
3 月末	477.0	498.0	481.0	536.0	535.0
4 月末	427.0	498.0	451.0	526.0	486.0
5 月末	427.0	458.0	421.0	516.0	439.0
6 月末	427.0	408.0	381.0	486.0	369.0
7 月末	407.0	398.0	341.0	466.0	369.0
8 月末	407.0	378.0	411.0	461.0	354.0
9 月末	437.0	398.0	401.0	481.0	354.0
10 月末	437.0	398.0	421.0	471.0	375.0
11 月末	437.0	408.0	426.0	501.0	395.0
12 月末	467.0	438.0	416.0	495.0	425.0

数据来源：Wind 数据库，2024 年 4 月。

第十章

西部地区

2023 年,我国西部地区硫酸、烧碱产量同比增长,乙烯产量略有下降,甲醇价格呈"V"形走势;生铁、粗钢、钢材产量均同比增长,螺纹钢价格先降后升,热轧卷板价格呈"M"形走势,年末有所回升;十种有色金属产量同比增长,铜价呈"M"形走势;水泥、平板玻璃产量均同比下降,水泥价格先升后降。

第一节 石化化工行业

一、生产情况

2023 年,西部地区乙烯产量为 371.8 万吨,同比下降 1.9%;硫酸产量为4575.2 万吨,同比增长 5.0%,其中,云南产量最高,达到 1563.8 万吨,四川产量增速最快,为 16.5%;烧碱产量为 1263.7 万吨,同比增长 3.5%,其中,内蒙古产量最高,达到 361.9 万吨,广西产量增幅最大,为 34.1%(见表 10-1)。

表 10-1 2023 年西部地区主要石化化工产品生产情况

地 区	乙 烯		硫 酸		烧 碱	
	产量/万吨	同比增长率/%	产量/万吨	同比增长率/%	产量/万吨	同比增长率/%
内蒙古	—	—	598.6	8.7	361.9	1.1
广西	—	—	486.2	4.9	121.1	34.1
重庆	—	—	87.1	-6.8	36.5	-1.4
四川	—	—	631.6	16.5	144.3	6.2

续表

地　区	乙　烯		硫　酸		烧　碱	
	产量/万吨	同比增长率/%	产量/万吨	同比增长率/%	产量/万吨	同比增长率/%
贵州	—	—	610	7.7	—	—
云南	—	—	1563.8	1.0	29	24.5
西藏	—	—	—	—	—	—
陕西	110.2	−0.6	129.2	−3.7	117	3.9
甘肃	60.8	−13.8	298.3	1.5	41.1	−12.7
青海	—	—	15.5	9.2	32.8	−2.7
宁夏	—	—	67.2	6.8	80.7	0.7
新疆	200.8	1.6	87.7	2.9	299.3	−1.1
合计	371.8	−1.9	4575.2	5.0	1263.7	3.5

数据来源：Wind 数据库，2024 年 04 月。

二、市场情况

以内蒙古为例，2023 年，其甲醇价格走势与江苏、安徽的价格走势总体类似，呈"V"形走势，总体在 1640～2375 元/吨之间波动。3 月中旬出现峰值 2375 元/吨，后缓慢下降至 6 月中旬的全年最低值 1640 元/吨，下半年价格逐渐回升至 2100 元/吨附近，年末价格降为 1935 元/吨（如图 10-1 所示）。

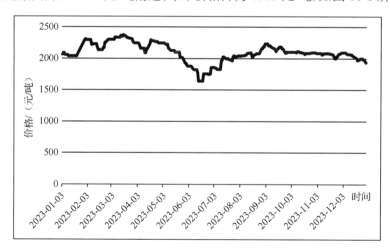

图 10-1　2023 年内蒙古甲醇市场价格走势

（数据来源：Wind 数据库，2024 年 04 月）

第二节　钢铁行业

一、生产情况

2023 年，西部地区生铁产量为 13750.2 万吨，同比增长 1.5%；粗钢产量为 17867.6 万吨，同比增长 1.2%；钢材产量为 22701.4 万吨，同比增长 6.8%。2023 年西部地区生铁、粗钢和钢材产量占全国总产量的比重分别为 15.8%、17.5%和 16.7%，均较上年同期有所增长（见表 10-2）。

表 10-2　2023 年西部地区钢铁生产情况

地　　区	生　　铁		粗　　钢		钢　　材	
	产量/万吨	同比增长率/%	产量/万吨	同比增长率/%	产量/万吨	同比增长率/%
内蒙古	2347.9	7.3	3266.9	10.5	3385.8	11.3
广西	3402.1	12.9	3816.6	0.6	5200.5	4.1
重庆	651.6	-9.9	889.7	-8.8	2072.2	22.6
四川	1983.6	-2.6	2688.8	-3.5	4045.9	12.9
贵州	390.6	2.6	443.6	-4.0	578.0	-4.5
云南	1472.1	-7.0	2309.6	2.8	2459.0	11.6
西藏	—	—	—	—	—	—
陕西	1182.8	-0.5	1426.6	-3.3	1629.4	-19.0
甘肃	814.7	0.5	1108.9	2.2	1179.4	8.0
青海	67.1	-32.5	73.8	-39.2	69.7	-42.2
宁夏	326.4	-34.4	596.2	0.0	582.2	0.6
新疆	1111.4	8.2	1246.9	7.2	1497.3	13.0
合计	13750.2	1.5	17867.6	1.2	22701.4	6.8

数据来源：Wind 数据库，2024 年 4 月。

二、市场情况

2023 年，西部地区螺纹钢价格走势总体呈现先降后升的态势。以直径为 20mm 的 400MPa 螺纹钢为例，2023 年 1—5 月份价格缓慢下行，5 月末达到价格最低点，下半年价格震荡回升。12 月末，重庆、成都、贵阳、昆明、西安、兰州和乌鲁木齐的螺纹钢价格分别为 4070.0 元/吨、4110.0 元/吨、4130.0

元/吨、4330.0 元/吨、4030.0 元/吨、3980.0 元/吨和 4050.0 元/吨，除昆明价格较上年年末有所提高之外，其他城市价格均有小幅下降（见表 10-3）。

表 10-3　2023 年西部地区重点城市 HRB400 20mm 螺纹钢价格（单位：元/吨）

时间	重庆	成都	贵阳	昆明	西安	兰州	乌鲁木齐
2022 年 12 月末	4130.0	4140.0	4140.0	4200.0	4150.0	4190.0	4070.0
2023 年 1 月末	4330.0	4310.0	4320.0	4360.0	4360.0	4390.0	4240.0
2023 年 2 月末	4250.0	4200.0	4190.0	4250.0	4320.0	4330.0	4200.0
2023 年 3 月末	4160.0	4130.0	4200.0	4360.0	4280.0	4190.0	4130.0
2023 年 4 月末	3820.0	3800.0	3880.0	4000.0	3810.0	3760.0	3910.0
2023 年 5 月末	3610.0	3580.0	3680.0	3770.0	3580.0	3690.0	3690.0
2023 年 6 月末	3830.0	3840.0	3820.0	3910.0	3830.0	3850.0	3850.0
2023 年 7 月末	3850.0	3860.0	3890.0	3980.0	3840.0	3870.0	3740.0
2023 年 8 月末	3690.0	3720.0	3720.0	3810.0	3730.0	3730.0	3690.0
2023 年 9 月末	3760.0	3800.0	3760.0	3880.0	3820.0	3820.0	3840.0
2023 年 10 月末	3890.0	3900.0	3880.0	4070.0	3850.0	3800.0	3750.0
2023 年 11 月末	4070.0	4110.0	4120.0	4300.0	4020.0	3940.0	3910.0
2023 年 12 月末	4070.0	4110.0	4130.0	4330.0	4030.0	3980.0	4050.0

数据来源：Wind 数据库，2024 年 04 月。

2023 年，西部地区重点城市的热轧卷板价格走势总体呈"M"形走势，年末价格有所回升。以 4.75mm 热轧卷板价格为例，2023 年 1—3 月份价格保持上行态势，3 月末达到价格高点，随后震荡下行至 5 月末的低点，下半年价格先升高后降低，年末价格又有所回升。2023 年 12 月末，重庆、成都、昆明、西安、兰州和乌鲁木齐的价格分别为 4190.0 元/吨、4200.0 元/吨、4290.0 元/吨、4110.0 元/吨、4060.0 元/吨和 4150.0 元/吨，较上年同期分别下降 0.7%、0.5%、0.5%、3.1%、3.3% 和 3.5%（见表 10-4）。

表 10-4　2023 年西部地区重点城市 4.75mm 热轧卷板价格（单位：元/吨）

时间	重庆	成都	昆明	西安	兰州	乌鲁木齐
2022 年 12 月末	4220.0	4220.0	4310.0	4240.0	4200.0	4300.0
2023 年 1 月末	4380.0	4360.0	4410.0	4390.0	4400.0	4430.0
2023 年 2 月末	4390.0	4400.0	4430.0	4450.0	4420.0	4480.0
2023 年 3 月末	4490.0	4510.0	4600.0	4520.0	4530.0	4600.0

时间	重庆	成都	昆明	西安	兰州	乌鲁木齐
2023 年 4 月末	4100.0	4120.0	4230.0	4090.0	4080.0	4300.0
2023 年 5 月末	3820.0	3770.0	3870.0	3770.0	3960.0	4050.0
2023 年 6 月末	3940.0	3930.0	4030.0	3970.0	4050.0	4170.0
2023 年 7 月末	4070.0	4090.0	4140.0	4120.0	4200.0	4220.0
2023 年 8 月末	3950.0	3950.0	4000.0	4040.0	4150.0	4250.0
2023 年 9 月末	3950.0	3980.0	3970.0	4020.0	4160.0	4280.0
2023 年 10 月末	3960.0	4000.0	3940.0	3880.0	3980.0	4070.0
2023 年 11 月末	4100.0	4110.0	4120.0	4110.0	4120.0	4180.0
2023 年 12 月末	4190.0	4200.0	4290.0	4110.0	4060.0	4150.0

数据来源：Wind 数据库，2024 年 04 月。

第三节 有色金属行业

一、生产情况

2023 年，西部地区十种有色金属产量达到 4528.6 万吨，同比增长 14.9%，占全国总产量的 60.6%，较上年提高 2.4 个百分点。其中，内蒙古和新疆十种有色金属产量居西部地区前两位，分别达到 838.7 万吨和 837.6 万吨，分别同比增长 6.8% 和 31.9%，共计占西部地区十种有色金属总产量的 37.0%。此外，广西、甘肃、宁夏、四川、云南等省份产量增速较快（见表 10-5）。

表 10-5 2022—2023 年西部地区十种有色金属生产情况

地 区	2023 年		2022 年	
	产量/万吨	同比增长率/%	产量/万吨	同比增长率/%
内蒙古	838.7	6.8	785.5	5.3
新疆	837.6	31.9	635.0	-0.8
云南	764.2	9.6	697.1	22.0
广西	509.1	27.6	399.0	-6.7
甘肃	498.8	19.5	417.5	16.5
青海	317.4	6.7	297.6	-0.3
陕西	209.4	-0.4	210.2	-0.8
贵州	168.3	5.8	159.1	11.4

续表

地　区	2023 年		2022 年	
	产量/万吨	同比增长率/%	产量/万吨	同比增长率/%
宁夏	155.4	16.1	133.8	1.9
四川	173.9	17.3	148.2	-0.7
重庆	55.3	-5.8	58.7	2.4
西藏	0.5	-16.7	0.6	-25.0
西部地区	4528.6	14.9	3942.3	5.5

数据来源：Wind 数据库，2024 年 4 月。

二、市场情况

以重庆为例，2023 年铜现货平均价格走势与北京、武汉类似，呈"M"形走势。上半年铜价先升后降，5 月末降到最低值 63950.0 元/吨；下半年，铜价先上涨至 8 月初的峰值 71090.0 元/吨，又下跌至 10 月下旬的 66080.0 元/吨，之后震荡上行至年末的 69260.0 元/吨，较年初价格上涨 5.0%（见图 10-2）。

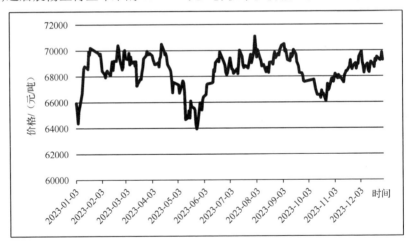

图 10-2　重庆的铜市场价格走势

（数据来源：Wind 数据库，2024 年 4 月）

第四节　建材行业

一、生产情况

2023 年西部地区水泥产量为 65616.7 万吨，同比下降 0.9%。从产量看，四川产量最高，达到 12151.6 万吨，青海产量最低，仅为 1192.2 万吨；从增速看，内蒙古、重庆、西藏、甘肃、青海、宁夏和新疆的产量同比增长，其他省份产量均为下降。2023 年西部地区平板玻璃产量为 19714.2 万重量箱，其中，四川产量最高，达到 6378.8 万重量箱，占西部地区总产量的 32.4%；甘肃产量增速最快，为 55.2%，青海产量降幅最大，为 76.1%（见表 10-6）。

表 10-6　2023 年西部地区主要建材产品生产情况

区　　域	水　泥		平　板　玻　璃	
	产量/万吨	同比增长率/%	产量/万重量箱	同比增长率/%
内蒙古	3729.6	5.8	1118.7	0.1
广西	9998.8	-4.1	3333.5	-6.3
重庆	5477.8	3.0	2156.4	-4.3
四川	12151.6	-7.0	6378.8	4.0
贵州	5883.4	-8.5	1345.8	-24.6
云南	9610.5	-0.4	1158.1	-31.4
西藏	1198.4	51.2	—	—
陕西	5768.4	-11.4	2008.4	-7.1
甘肃	4125.5	2.9	776.9	55.2
青海	1192.2	22.2	48.8	-76.1
宁夏	1670.0	0.2	401.9	-2.3
新疆	4810.5	25.1	986.9	-1.5
合计	65616.7	-0.9	19714.2	-5.3

数据来源：Wind 数据库，2024 年 04 月。

二、市场情况

2023 年，西部地区水泥价格先升后降。重点城市中，年内最高价出现在 3—4 月末的成都，为 566.0 元/吨。最低价出现在 9—10 月末的南宁，为 343.0 元/吨。南宁下半年水泥价格均低于 380.0 元/吨，在西部地区处于较低水平。成都水泥价格全年在 465.0 元/吨以上，在西部地区处于较高水平（见表 10-7）。

表 10-7　2023 年西部地区重点城市水泥价格（单位：元/吨）

时间	呼和浩特	南宁	重庆	成都	昆明	西安
1 月末	477.0	463.0	479.0	518.0	451.0	509.0

续表

时间	呼和浩特	南宁	重庆	成都	昆明	西安
2 月末	477.0	483.0	471.0	538.0	451.0	529.0
3 月末	477.0	503.0	516.0	566.0	481.0	539.0
4 月末	447.0	503.0	516.0	566.0	451.0	539.0
5 月末	447.0	473.0	497.0	536.0	431.0	539.0
6 月末	447.0	443.0	500.0	515.0	431.0	479.0
7 月末	447.0	373.0	436.0	545.0	431.0	459.0
8 月末	447.0	373.0	442.0	515.0	431.0	459.0
9 月末	420.0	343.0	425.0	465.0	431.0	413.0
10 月末	435.0	343.0	457.0	505.0	451.0	433.0
11 月末	420.0	363.0	485.0	485.0	411.0	433.0
12 月末	420.0	363.0	490.0	485.0	441.0	493.0

数据来源：Wind 数据库，2024 年 04 月。

第十一章

东北地区

2023 年，我国东北地区乙烯、烧碱产量均同比下降，硫酸产量同比增加，甲醇价格总体呈"台阶"形；生铁、粗钢产量同比下降，钢材产量略有增加，螺纹钢价格先降后升，热轧卷板价格走势呈"M"形；十种有色金属产量同比增长，铜价呈"M"形走势；水泥、平板玻璃产量同比增长，水泥价格呈先降后升态势。

第一节　石化化工行业

一、生产情况

2023 年，东北地区乙烯产量为 570.0 万吨，同比下降 6.3%，其中，辽宁产量最高，达到 389.2 万吨，同比下降 2.6%；2023 年东北地区硫酸产量为 317.8 万吨，同比增长 7.0%，其中，吉林硫酸产量增幅最大，同比增长 18.7%；2023 年东北地区烧碱产量为 110.4 万吨，同比下降 1.4%，其中，辽宁产量最高，为 76.6 万吨，黑龙江产量降幅最大，达到 14.8%（见表 11-1）。

表 11-1　2023 年东北地区主要石化化工产品生产情况

地　区	乙　烯		硫　酸		烧　碱	
	产量/万吨	同比增长率/%	产量/万吨	同比增长率/%	产量/万吨	同比增长率/%
辽宁	389.2	-2.6	156.2	5.8	76.6	1.9
吉林	74.9	-7.4	98.9	18.7	13.0	4.8
黑龙江	105.9	-17.3	62.7	-5.0	20.8	-14.8
合计	570.0	-6.3	317.8	7.0	110.4	-1.4

数据来源：Wind 数据库，2024 年 04 月。

二、市场情况

2023 年，东北地区的甲醇（纯度为 99.99%，密度为 0.792，双鸭山市产）价格走势总体在 2000～2600 元/吨区间内波动。5 月份甲醇价格达到全年峰值 2600.0 元/吨，6 月下旬至 7 月上旬甲醇价格降到全年最低点 2000.0 元/吨，年末价格回归到 2250.0 元/吨，较年初价格提高 7.1%（如图 11-1 所示）。

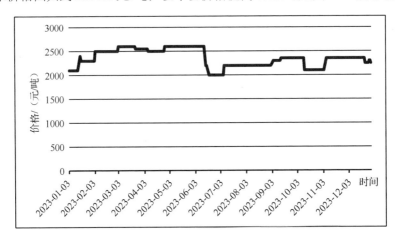

图 11-1　2023 年黑龙江省甲醇市场价格走势

（数据来源：Wind 数据库，2024 年 04 月）

第二节　钢铁行业

一、生产情况

2023 年，东北地区生铁、粗钢和钢材产量分别为 9174.41 万吨、9753.0 万吨和 10369.9 万吨，同比增速分别为 -1.2%、-0.2% 和 1.1%。2023 年东北地区生铁和钢材产量占全国总产量的比重分别为 10.5% 和 7.6%，较上年同期略有下降；粗钢产量的全国占比为 9.6%，与上年同期基本持平（见表 11-2）。

表 11-2　2023 年东北地区钢铁生产情况

地　　区	生　　铁		粗　　钢		钢　　材	
	产量/万吨	同比增长率/%	产量/万吨	同比增长率/%	产量/万吨	同比增长率/%
辽宁	6948.87	-2.1	7344.1	-1.4	7848.4	1.6
吉林	1359.89	4.0	1452.5	7.0	1588.2	3.7

续表

地　区	生　铁		粗　钢		钢　材	
	产量/万吨	同比增长率/%	产量/万吨	同比增长率/%	产量/万吨	同比增长率/%
黑龙江	865.65	-1.3	956.4	-0.4	933.3	-6.6
合计	9174.41	-1.2	9753.0	-0.2	10369.9	1.1

数据来源：Wind 数据库，2023 年 4 月。

二、市场情况

2023 年，东北地区螺纹钢价格总体呈现先降后升走势。以直径为 20mm 的 400MPa 螺纹钢价格为例，1—5 月份价格缓慢下降，5 月末出现全年价格最低点，下半年缓慢上升。12 月末，沈阳和哈尔滨螺纹钢的价格分别为 3960.0 元/吨和 3990.0 元/吨，较上年末分别下降 3.9%、4.5%。2023 年，东北地区 4.75mm 热轧卷板价格总体呈现"M"形走势，3 月末出现全年最高点，5 月末出现全年最低点，沈阳和哈尔滨热轧卷板 12 月末的价格分别为 3900.0 元/吨和 3940.0 元/吨，均较上年末下降 2.0%（见表 11-3）。

表 11-3　2023 年东北地区重点城市 HRB400 20mm 螺纹钢和 4.75mm 热轧卷板价格（单位：元/吨）

时　间	螺　纹　钢		热　轧　卷　板	
	沈　阳	哈　尔　滨	沈　阳	哈　尔　滨
2022 年 12 月末	4120.0	4180.0	3980.0	4020.0
2023 年 1 月末	4260.0	4370.0	4120.0	4160.0
2023 年 2 月末	4250.0	4350.0	4160.0	4200.0
2023 年 3 月末	4250.0	4290.0	4260.0	4300.0
2023 年 4 月末	3800.0	3850.0	3870.0	3910.0
2023 年 5 月末	3670.0	3730.0	3560.0	3600.0
2023 年 6 月末	3800.0	3830.0	3840.0	3880.0
2023 年 7 月末	3830.0	3850.0	3980.0	4020.0
2023 年 8 月末	3790.0	3800.0	3900.0	3940.0
2023 年 9 月末	3800.0	3900.0	3790.0	3830.0
2023 年 10 月末	3820.0	3850.0	3700.0	3740.0

续表

时　间	螺　纹　钢		热　轧　卷　板	
	沈　阳	哈　尔　滨	沈　阳	哈　尔　滨
2023 年 11 月末	3980.0	3990.0	3820.0	3860.0
2023 年 12 月末	3960.0	3990.0	3900.0	3940.0

数据来源：Wind 数据库，2024 年 04 月。

第三节　有色金属行业

一、生产情况

2023 年，东北地区十种有色金属产量达到 149.1 万吨，同比增长 13.0%，占全国总产量的 2.0%，较上年同期提高 0.1 个百分点。其中，辽宁十种有色金属产量位居东北地区首位，达到 108.2 万吨，同比增长 6.2%，占东北地区十种有色金属总产量的 72.6%。黑龙江十种有色金属产量为 27.9 万吨，同比增长 69.1%（见表 11-4）。

表 11-4　2022—2023 年东北地区十种有色金属生产情况

地　区	2023 年		2022 年	
	产量/万吨	同比增长率/%	产量/万吨	同比增长率/%
辽宁	108.2	6.2	101.9	-1.7
吉林	13.0	-4.4	13.6	30.8
黑龙江	27.9	69.1	16.5	6.5
合计	149.1	13.0	132.0	1.8

数据来源：Wind 数据库，2024 年 4 月。

二、市场情况

以沈阳为例，2023 年铜现货平均价格走势呈"M"形。1—3 月份，铜价缓慢上行，而后降至 5 月末的 63940.0 元/吨，下半年先缓慢升至 8 月初的峰值 71100.0 元/吨，又下跌至 10 月下旬的 66340.0 元/吨，之后震荡上行至年末的 69270.0 元/吨，较年初价格上涨 5.1%（见图 11-2）。

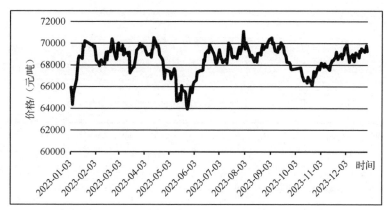

图 11-2　东北地区典型城市铜市场价格（以沈阳为例）
（数据来源：Wind 数据库，2024 年 4 月）

第四节　建材行业

一、生产情况

2023 年东北地区水泥产量为 7790.8 万吨，同比增长 5.1%。其中，辽宁产量最高，为 3814.0 万吨；吉林的产量增速最快，同比增长 18.3%。2023年东北地区的平板玻璃产量为 7328.3 万重量箱，同比增长 1.6%。其中，辽宁产量最高，为 5662.9 万吨，同比增长 6.6%；黑龙江的产量降幅最大，同比下降 29.6%（见表 11-5）。

表 11-5　2023 年东北地区主要建材产品生产情况

区　域	水　泥		平　板　玻　璃	
	产量/万吨	同比增长率/%	产量/万重量箱	同比增长率/%
辽宁	3814.0	−0.6	5662.9	6.6
吉林	2032.1	18.3	1183.6	−2.7
黑龙江	1944.7	4.6	481.8	−29.6
合计	7790.8	5.1	7328.3	1.6

数据来源：Wind 数据库，2024 年 4 月。

二、市场情况

2023 年，东北地区水泥价格走势总体呈现先降后升态势。重点城市中，年内最高价出现在 1—3 月末的哈尔滨，价格为 512.0 元/吨，年内最低价出现在 6—8 月末的沈阳，价格为 333.0 元/吨。长春和哈尔滨的水泥价格全年在 408.0 元/吨以上，沈阳的水泥价格则全年低于 380.0 元/吨（见表 11-6）。

表 11-6　2023 年东北地区重点城市水泥价格（单位：元/吨）

时　间	沈　阳	长　春	哈　尔　滨
1 月末	363.0	495.0	512.0
2 月末	363.0	495.0	512.0
3 月末	343.0	481.0	512.0
4 月末	343.0	449.0	474.0
5 月末	343.0	439.0	474.0
6 月末	333.0	459.0	474.0
7 月末	333.0	439.0	454.0
8 月末	333.0	408.0	454.0
9 月末	353.0	443.0	474.0
10 月末	373.0	468.0	489.0
11 月末	373.0	468.0	489.0
12 月末	373.0	468.0	489.0

数据来源：Wind 数据库，2024 年 4 月。

园 区 篇

第十二章

宁波绿色石化产业集群

第一节 发展现状

宁波作为全国七大石化基地之一，是全球最重要的先进石化产业创新中心和绿色石化产业生产基地，绿色石化产业占宁波市工业总产值比重超20%，现有规上石化工业企业 280 余家，是宁波引以为傲的优势产业。宁波绿色石化产业集群聚焦高端化、智能化、绿色化，是 45 个国家级先进制造业集群之一。

宁波绿色石化产业经过 20 年的长足发展，在产业规模、低碳发展、科技创新等方面均取得了较大成绩，已成为宁波工业经济发展的支柱产业之一。

产业规模大，综合实力强。宁波绿色石化产业体系完整，基本形成"油头化尾"的全产业链。原油加工量、成品油、石油沥青等多种主要石化产品产业规模居国内领先地位，约占宁波规上工业产值的五分之一，产业规模位居全国七大石化产业基地前列。

开放合作水平高，企业竞争力强。宁波陆续引进法国道达尔、韩国 SK、德国朗盛、美国利安德巴塞尔等多家世界 500 强企业。目前宁波绿色石化产业中，拥有千亿级企业 1 家、百亿级企业 7 家、十亿级企业 25 家。

港口条件优良，集聚集约水平高。依托良好的港口条件，宁波绿色石化产业集群区已经形成镇海片区（石化经济技术开发区）、北仑片区（经济技术开发区）和大榭片区（大榭开发区）三个集聚区。三大石化集聚区产值占行业总产值的90%以上，其中，石化经济技术开发区、大榭开发区分别位列全国 2019 十大化工园区第二和第四位。

资源利用效率高，绿色发展全面领先。作为国内行业能效"领跑者"，宁波石化经济技术开发区、宁波经济技术开发区、大榭开发区相继入选国家级循环化改造示范试点园区。目前，宁波市绿色石化产业拥有两个国家级绿色园区、11 家绿色工厂。

与市场对接充分，下游产业需求大。宁波塑料加工、纺织、服装、家电、汽车工业、日用品制造市场发达，培育形成了汽车制造、电气机械、纺织服装等七大千亿级产业集群，为石化产业发展提供了广阔的市场空间。

第二节 发展经验

一、进行产业链延伸

宁波石化经济技术开发区充分发挥中国石化化工股份有限公司镇海炼化分公司（简称"镇海炼化"）、巨化集团、镇洋化工发展有限公司、中金石化有限公司、富德能源有限公司及世界 500 强企业项目带动石化产业链发展的重要作用，积极向下游产业链延伸，着重发展 C2、C3、C4、芳烃产业链等。目前园区已基本形成上游石油加工产业为主导、中下游化学品产业配套发展的一体化石化产业体系。

二、强化物理循环利用

宁波石化经济技术开发区以大企业的"三废"为原料生产市场需要的各类产品，并逐渐向下游延伸，实现资源再利用。比如，浙江恒河新材料有限公司（简称"恒河"）的主要产品双环戊二烯，其生产原料为镇海炼化乙烯生产线的副产物，双环戊二烯与镇海炼化的另一项产品丁二烯可转化为三元乙丙橡胶生产所需的助剂。镇海炼化的副产物与恒河的产品结合在一起，成为宁波爱思开公司生产所需的助剂，如此一来，三家企业形成一个良性循环。

第十三章

鞍本钢铁基地

第一节　发展现状

　　鞍本钢铁基地主要包括鞍山钢铁集团有限公司（以下简称"鞍钢"）和本溪钢铁集团有限公司（以下简称"本钢"），是我国最大的钢铁生产基地。鞍钢和本钢两家都是有着悠久历史和光荣传统的钢铁企业，在我国钢铁行业和国民经济建设发展过程中发挥着举足轻重的作用。

　　鞍钢集团有限公司成立于 1948 年，是中华人民共和国成立后第一个恢复建设的大型钢铁联合企业，也是最早建成的钢铁生产基地，为国家经济建设和钢铁事业的发展做出了巨大贡献。截至目前，鞍钢已形成从烧结、球团、炼铁、炼钢到轧钢综合配套，以及焦化、耐火、动力、运输、技术研发等单位组成的大型钢铁企业集团，具有热轧板、冷轧板、镀锌板、彩涂板、冷轧硅钢、重轨、无缝钢管、型材、建材等完整产品系列。鞍钢生产铁、钢、钢材的能力均达到2600 万吨/年，拥有鞍山、鲅鱼圈、朝阳等生产基地，在广州、上海、武汉、沈阳、长春等地设立了生产、加工或销售机构，形成跨区域、多基地的发展格局。在深入推进供给侧结构性改革的新形势下，鞍钢贯彻"五大发展理念"，落实"改革引领、创新驱动、质量升级、智能制造、绿色发展"的工作要求，加快实施"1+6"产业规划，坚定不移做精做强钢铁主业，协调推进相关产业发展，不断提高企业发展质量和效益，实现由钢铁"一柱擎天"向"多业并举"发展格局的转变。加快推进智能制造步伐，实现从传统制造向智能制造的转变。加大科技创新力度，打造激发动力与活力的科技创新体制机制，致力成为高端人才的集聚者、行业技术的引领者、未来科技的探索者，争当钢铁行业排头兵，努力成为具有全球竞争力的世界一流钢铁企业。

　　本钢是中华人民共和国成立后最早恢复生产的大型钢铁企业之一，粗钢产能 2000 万吨。本钢是以钢铁和矿产资源产业为基础，金融投资、贸易物流、装备制造、工业服务、城市服务等多元产业协同发展的特大型钢铁联合企业，是世界著名的"人参铁"产地。本钢拥有国家级技术中心和检测中心，建有博士后科研工作站、先进汽车用钢开发与应用技术国家地方联合工程实验室等研发平台。在汽车板、高强钢、硅钢、棒线材等产品生产和研发中处于国内领先水平，形成线材、螺纹钢、球墨铸管、特钢材、热轧板、冷轧板、镀锌板、彩涂板、不锈钢等 60 多个品种、7500 多个规格的产品系列，是辽宁省钢铁产业产学研创新联盟的牵头单位，是中国质量协会确定的"质量管理创新基地"，是工业和信息化部认定的"国家技术创新示范企业"和"中国工业企业品牌竞争力百强企业"。本钢产品广泛应用于汽车、家电、石油、化工、航空航天、机械制造、能源交通、建筑装潢和金属制品等领域，并出口美国、欧盟、日本、韩国等 80 多个国家和地区，出口总量连续多年位列全国钢铁行业前茅。具备最宽幅、最高强度汽车用冷轧板和最高强度汽车用热镀锌板的生产能力和整车供货能力。

第二节　发展经验

一、深化业务整合，构建一体化运营体系

鞍本钢铁基地围绕服务国家战略大局，实施"钢铁+矿业"双核战略，大力推进区域钢铁产业结构调整和业务整合。首先，以优势企业为主导，向先进模式看齐，充分关切和维护属地利益及各相关方利益，逐步深化采购、销售、科研等价值链核心业务协同机制；其次，加快实施物流、招标、国际贸易、产业金融等业务整合；最后，组建新材料、能源环保、智慧服务等产业发展专班，着力构建钢铁、矿山"双核"+"第三极"产业发展新格局，实现深层次的能力聚合、资源共享和价值创造。

二、加速产业转型，迈向高质量发展

重组后的鞍本钢铁基地在创新求变中，逐步迈向高质量发展新阶段。打出"1+2+N"系统性改革政策"组合拳"，重构市场化管控和市场化运营"两个体系"。其先后推行智慧采矿、智慧生产等项目。2022 年，矿山年产量指标、技经指标、经营指标、设备效率均创历史最佳。其中，铁精矿产量达到 5260 万吨，占全国产量的 15.8%。铁精矿规模保持国内第一，居世界第五位，有力地发挥了自有资源对提升战略性资源供应保障能力的基础性、关键性作用。

第十四章

江西鹰潭铜产业集群基地

第一节　发展现状

　　江西鹰潭铜产业集群基地位于江西省鹰潭市，目前该基地形成了以江铜集团为龙头，集铜原料、铜冶炼、铜加工、铜研发、铜检测、铜贸易、铜文化、铜制品等的"八位一体"产业体系。鹰潭的铜产业已成为国家地理标志，鹰潭成为崛起的"世界铜都"，建有国内唯一的国家铜及铜产品质量监督检验中心，现有高新技术铜企业 64 家、铜战略性新兴产业企业 101 家。发展至今江西鹰潭铜产业集群基地主要包括鹰潭高新技术产业开发区、鹰潭贵溪工业园、鹰潭经开区、鹰潭再生铜循环园区、余江工业区等区域。2023 年，鹰潭市铜基新材料产业集群营业收入达 3900 亿元，占全国铜工业的 15%，占全省铜工业的 55%。2023 年度全省先进制造业集群竞赛初赛名单公布，鹰潭市铜基新材料产业集群成功入选。

　　国家级鹰潭高新技术产业开发区位于鹰潭市城区西南处，辖区面积 43 平方千米，其中，规划建设面积 28 平方千米；现有企业 500 余家，其中，工业企业 200 余家；拥有产业工人 1.5 万余人。以智联小镇为载体，通过规划布局、产业准入、政策提升等措施，推动物联网关联产业和上下游配套企业落地发展，一批物联网生产制造企业实现了集群集聚。"八位一体"铜产业体系不断完善，拥有首家国家级铜检测中心，获批第一批国家火炬铜基新材料特色产业基地和省级铜合金材料重点工业产业集群，鑫铂瑞科技公司的高端铜箔、江南新材料公司的微晶磷铜球、广信新材料公司的银铜合金等一批铜精深加工产品已居全国铜行业领先地位。

　　鹰潭贵溪工业园（以下简称"工业园"）位于贵溪城郊东北部，总体规划面积为 10 平方千米，分为拆解加工区、冶炼区、精深加工区、行政金融服务区，其中，拆解加工区规划面积为 2.38 平方千米；精深加工区规划面积为 4.18 平方千米；生活配套服务区规划面积为 3.44 平方千米。现有经济组织 645 家，生产企业 385 家，规模以上企业 139 家。工业园自成立以来，先后被国家、省有关部门授予"中国再生资源循环利用基地""中国铜产业基地""全国循环经济工作先进单位""国家第四批城市矿产示范基地""全国节俭养德全民节约行动先进单位""中国再生有色金属产业示范基地""区域性大型再生资源回收基地""第一批省级循环经济试点单位""江西省再生资源利用产业示范基地"等一系列荣誉称号。

余江工业区成立于 2003 年 8 月，2006 年被省政府批准为省级工业园区，总规划面积为 266.7 公顷（1 公顷等于 0.01 平方千米）。2011 年荣获"全省先进基层党组织"荣誉称号，2012 年荣获"全省先进工业园区"荣誉称号，2013 年被批准为省级重点工业园区，2016 年获得全省"两率一度"工业园区先进单位称号。2019 年荣获全省开发区争先创优综合考评表彰单位（全省 99 个开发区中位列第 28 位，在省级重点开发区中位列第 11 位）。2020 年被授予江西省第一届十佳优化营商环境工业园区第七名。

第二节　发展经验

一、科技创新推动产业创新

鹰潭成立由市委书记、市长任双组长的基地集群工作领导小组，制定印发《鹰潭市打造国家级铜基新材料先进制造业集群实施方案（2023—2026 年）》，确立"一个目标""三个思路""五大行动"的发展路径。围绕铜基新材料产业"基础研究—技术创新—产业创新"全链条，布局创新平台、载体 85 家，其中包括国家铜冶炼及加工工程技术研究中心等国家级平台 14 家，有力地支撑了产业集群创新发展。出台《鹰潭市打造国家级铜基新材料先进制造业集群科技工作方案》，集聚铜产业链科技创新力量，与中国科学院、中南大学、江西理工大学等深化院企、校企合作，组织开展"揭榜挂帅"科技计划项目 16 个，有效攻克"新能源汽车扁线电动机用高纯无氧铜杆制备技术"等新材料共性关键技术。近年来，该市铜企业累计获得国家级科技奖 14 项、省级科技奖 62 项。

二、推动工业化和信息化融合

按照"聚焦前沿、延链谋划"的发展思路，江西鹰潭铜产业集群基地加速布局铜基新材料全产业链各环节企业，形成应用于新能源汽车、集成电路、电气装备等多个细分领域的铜基新材料完整产业链。出台市内铜原材料采购奖励、运费补贴等政策，促进集群上下游、大中小企业协同配套，增强产业链供应链韧性，铜企业原材料本市采购比率达45%。截至目前，该市初步形成铜原料、铜加工、铜研发、铜检测的"八位一体"产业体系，拥有国家级铜冶炼及加工工程技术研究中心、国家级铜检测中心、有色金属工业互联网标识解析体系二级节点、全国唯一一所现代铜产业学院及内陆地区首个铜期货交割仓，正加快构建产业融合发展的现代产业体系，全力打造以鹰潭为中心、辐射全省的国家级铜基新材料先进制造业集群。

第十五章

河南汝阳绿色建材新型工业化示范基地

第一节 发展现状

河南汝阳绿色建材新型工业化示范基地（以下简称"基地"），于 2008 年 12 月经河南省政府批准设立，是洛阳市首批省级产业集聚区之一，规划面积 11.86 平方千米，其中，一期 7.86 平方千米，二期 4 平方千米，是河南省十大建材产业基地之一。基地重点围绕绿色建材产业，以专业产业园为依托，以龙头企业为引领，着力打造五大专业园区：一是节能玻璃材料产业园，主要生产钢化玻璃、夹层玻璃、中空玻璃、电子玻璃、热反射玻璃、低辐射玻璃、汽车安全玻璃及装饰玻璃等；二是绿色墙体材料产业园，主要生产新型复合墙体、建筑砌块和轻型板材制品等；三是保温材料产业园，主要生产建筑内外墙用达到 A 级保温要求的新型保温材料；四是绿色型材产业园，主要生产绿色型材管材线材及其加工等；五是绿色装饰材料产业园，重点生产墙纸、墙布、涂料、地毯等建筑材料。基地先后获得"中国绿色建材发展活力园区""河南省装配式建筑示范县"等荣誉，2021 年荣获"国家新型工业化产业示范基地"称号，2022 年 3 月获得"全国新型工业化产业示范基地"称号。

基地目前入驻企业 89 家，其中，装配式建筑企业 12 家，绿色建材及配套企业 40 家，上市企业 9 家，国企 8 家，规模以上企业 31 家，主导产业企业占企业总数的 85%以上。初步形成以洛玻龙昊玻璃、优克玻璃、强盛陶瓷、国邦陶瓷等为依托的绿色建材产业集群；以鸿路钢构、中国电建、筑友科技、六建重工等为依托的装配式建筑产业集群；以洛阳环升科技、北玻硅巢、泰石岩棉等公司为依托的新型外墙保温装饰材料产业集群；以一宅一生、苏阳智能家居等为依托的智能家居产业集群；产业集聚效应明显。

第二节　发展经验

一、推行绿色发展

在地企合作中，基地坚持绿色发展理念，依托优越的区位优势、丰富的资源优势，大力发展绿色建材产业，汝阳县委、县政府成立地企合作工作领导小组，由县委书记任组长、县长为常务副组长，所有相关经济工作的副县级领导任副组长，全面加强对地企合作工作的领导指导，不断创新方法，实施精准招商，不断完善配套设施，拉长产业链条，基地绿色建材和装配式建筑产业迎来"聚"变。

二、实施创新驱动

技术创新推动绿色建材产业的品质革命。基地以组建省、市工程技术中心为目标，以创新平台为载体，通过"平台、项目、人才、环境"四位一体建设，不断提高科研基础设施水平，增强科研创新能力，充分推动科技成果转化。同时做好国家级、省级科技型中小企业备案，申报市级企业研发中心、市级工程技术中心，做好专利申请、科技创新等工作，加速科技成果转化。

三、加速产品推广

一方面突出装配式建筑试点先行，实施全装配技术 PC 构件绿色建筑示范项目 5 个，另一方面加快园区装配式建筑和绿色建材产品的推广应用，鸿路钢构已为西安体育中心、郑州 310 国道、洛阳奥林匹克中心等重要市政建设提供钢构部件；六建重工为洛阳天堂、明堂、应天门等工程提供产品；中国电建为洛阳兴洛湖公园、南水北调中线、郑州南四环项目等提供构件。

四、不断延伸产业链条

坚持"昂起一家龙头、带动一批配套、做强一条链条"，坚持招大引强、做好强链延链补链，形成钢结构、PC 构件、玻璃、陶瓷、新型外墙保温装饰材料和智能家具等多个产业集群。初步形成集研发、设计、生产、安装的一体化产业链条，可为市场提供集建筑主体、建筑材料、装修装饰等为一体的一站式产品采购网络，基地已具备年产钢构 100 万吨、PC 构件 100 万立方米、玻璃 900 万重量箱、陶瓷 5000 万平方米、新型墙体材料 100 万平方米、保温材料 13 万吨、家具 10 万套的生产能力，其中，玻璃、PC 构件、钢构生产规模已达全省第一。

第十六章

广州平远产业转移工业园

第一节　发展现状

广州平远产业转移工业园（以下简称"园区"）建于 2002 年，2013 年被纳入省级园区管理，2018 年被纳入国务院批准的 2018 版中国开发区目录。园区交通便利，区内有梅平高速、济广高速，距鹰梅铁路平远站约 3 千米，毗邻梅州火车站、梅县机场。目前入驻企业 73 家，其中，投产企业 52 家（规上企业 26 家），在建企业 14 家，协议企业（已注册未动工）7 家。完成新增固投 12.17 亿元，其中，工业项目固投 5.07 亿元，有广晟智威、华清园、荻赛尔等知名企业。在产业布局方面，积极打造稀土新材料、机械制造、家居制造三大特色主导产业，以电子信息、生物医药为辅助的产业集群，是省市共建战略性新兴产业基地、省循环化改造示范基地、省小型微型企业创业示范基地、省小型微型企业创业创新孵化基地。

第二节　发展经验

一、不断壮大特色产业

根据资源优势和产业基础，确立了发展稀土新材料、机械制造和优质建材三大支柱产业的工业发展战略，经过多年的培育，富远稀土新材料、华企稀土、荻赛尔机械铸造、五指石 BPW 汽车配件、宁江水泥等骨干企业正在成长壮大，龙头带动作用逐渐增强。

二、坚持择商选资

坚持生态环境优先，坚决拒绝高污染、高能耗、低产出、低效益的企业、产业进入园区。大力实施"乡贤回归工程"，认真抓好计划投资 10 亿元，日产 5000 吨的新型干法旋窑水泥熟料生产项目前期工作，推进投资 10 亿元的三协稀土公司总部经济园项目等。

企 业 篇

第十七章

巨化集团有限公司

第一节　企业基本情况

巨化集团有限公司（简称"巨化集团"）原名衢州化工厂，成立于 1958 年 5 月，是我国特大型化工联合企业、全国最大的氟化工先进制造业基地和浙江省最大的化工基地。巨化集团主要生产基地坐落于衢州市，占地面积约 10 平方千米，在岗员工 1 万人，拥有并表企业 79 家，其中，二级企业 30 家，三级企业 40 家，四级企业 5 家。

巨化集团化工主业涵盖氟化工、石化材料、电子化学材料、氯碱化工、精细化工等，打造了一系列全国乃至全球的龙头产业，目前有 16 个化工产品成为全球单项冠军。巨化集团先后聘请了 16 位院士担任顾问，拥有研发人员 1500 余人、授权专利 1039 件、国家级研发机构 2 个、省级研发机构 22 个、国家级高新技术企业 22 家，研发投入占比年平均达到 4%，高新技术产品占比达 50%，是国家循环经济试点单位、国家循环经济教育示范基地、全国循环经济工作先进单位、国家循环化改造示范试点园区、国家首批"两化融合"体系贯标试点单位、浙江省商标示范企业、浙江省首批"三名"培育企业。

巨化集团名列 2023 中国石油和化工企业 500 强排行榜综合类企业第 56 位、独立生产经营企业第 037 位、2023 中国精细化工百强第 11 位，入选中国氟硅材料有机工业协会"2023 全球氟化工企业 TOP20""2023 中国氟化工上市公司 TOP10"。

第二节　企业经营情况

2023 年，巨化集团实现营业收入 206.56 亿元，同比下滑 3.88%；归属于上市公司股东的净利润 9.44 亿元，同比下滑 60.37%；经营活动产生的现金流量净额为 21.96 亿元，同比减少 33.78%；总资产 233.84 亿元，同比增长 3.35%；归属于上市公司股东的净资产 160.75 亿元，同比增长 3.92%。

第三节　企业经营战略

坚守系统思维、底线思维、开放思维，完整准确全面贯彻新发展理念。巨化集团编制完成《公司发展规划（2023—2027 年）》，进一步明确了公司的愿景、使命、战略、转型升级方向与路径、主要任务和重大项目安排，为未来五年高质量发展、可持续发展提供了战略指引。巨化集团坚持长期战备与短期目标相结合，保持发展战略定力，咬定年度经营目标，统筹安全、稳定和发展，统筹国内和国际市场，统筹全产业链的经济运行，以"绿色化发展、数智化变革、新巨化远航"为主线，立足优势发挥优势，抓管理保稳定，优结构提效率，强布局拓空间，谋市场抓机遇，实现稳健经营、高质量发展空间进一步拓展、行业竞争地位进一步提升。

紧紧围绕市场变化，努力提升产业链运行质量。巨化集团加强市场的研判与拓展，抓机遇、提总量、优结构，努力提升产业链运行质量。围绕年度经营目标，统筹国内国际市场开拓，强化市场和产业链运行分析，坚持"以旬保月、以月保季、以季保年""周会商+月总结+年目标"工作法，完善复杂环境下的产、供、销、储、运及公用工程的协调保障机制，保持生产经营的灵活性、针对性，充分发挥产业链一体化优势，精心组织生产运营，积极开拓产品市场，确保主链高负荷稳定运行。通过阿联酋氟制冷剂工厂投运、淄博飞源化工有限公司股权收购，形成氟制冷剂以衢州本埠为核心的"1+3"全球运营布局和协同互补效应；取得总量绝对领先、主流品种绝对领先的氢氟碳化物（HFCs）生产配额，稳定保持集团氟制冷剂全球龙头地位和市场竞争地位。

优化市场和资本布局，扩大竞争优势。巨化集团的参股公司中巨芯在科创板成功上市。巨化集团设立中东贸易公司、聚荟公司，加强内部资源整合，完成了氟制冷剂事业部、聚合物事业部内部产权、资产和业务整合，提升了集约经营水平和效率。巨化集团积极开展产品经理责任制和卓越商务模式试点创新营销模式，积极拓展供应商和供应渠道，做好大宗原燃料经济保供、萤石粉和氢氟酸采购协同，以"合约+现货"采购模式实现累计降本增效 6887 万元。巨化集团优化资金管理，完成低利率融资授信 10 亿元，争取绿色企业财政贴息 17.85 万元，通过国债、理财、锁汇、利息等方式实现收益 4511.5 万元，税筹创效 2130 多万元，将节余募集资金 5.33 亿元补充流动资金。

第十八章

鞍钢集团有限公司

第一节　企业基本情况

　　鞍钢集团有限公司，简称"鞍钢集团"。作为国务院国有资产监督管理委员会监管的中央企业，鞍钢集团总部坐落于辽宁省鞍山市。2010 年 5 月，鞍钢集团由鞍山钢铁集团公司与攀钢集团有限公司联合重组而成。鞍钢集团被誉为"共和国钢铁工业的长子""新中国钢铁工业的摇篮"，既是中国最具资源优势的钢铁企业，也是世界最大的产钒企业和中国最大的钛原料生产基地，更成功跻身世界 500 强之列。鞍钢集团拥有 32 家境外公司及机构，与500 多家国内外客户及合作伙伴携手合作，其产品销售覆盖全球 70 多个国家和地区，为众多国际知名企业的全球供货商。

　　鞍钢集团是中国首批"创新型企业"，中国首家具有成套技术输出能力的钢铁企业。在中国西南、东南、东北、华南等地有九大生产基地，有效掌控位于中国辽宁、四川和澳大利亚卡拉拉的丰富铁矿和钒、钛资源。鞍钢集团年产铁精矿达 5000 万吨，具备 5300 万吨铁、6300 万吨钢、4 万吨钒制品和 50 万吨钛产品的生产能力。鞍钢集团的各类产品广泛应用于机械、石油、煤炭、冶金、化工、电力、家电、船舶、汽车、铁路、建筑、航空等行业，参与建设"西气东输"、青藏铁路、京津城际铁路、三峡水利枢纽工程、国家体育场（又名"鸟巢"）、"华龙一号"核电站、"蓝鲸一号"超深水钻井平台、港珠澳大桥、神舟系列等重大工程。

　　2023 年，鞍钢集团获得国家受理专利 742 件，其中，发明专利 544 件，占比 73.3%，同比增长 4.7%；获得 PCT 国际发明专利申请 7 件，同比增长40%；获得国家授权专利 520 件，其中，发明专利 301 件，占比 57.9%，同比增长 8.6%；累计拥有有效专利 3811 件，其中，发明专利 2515 件，占比 66.0%，同比增长 4.0%；获得 PCT 国际发明专利授权 5 件、巴黎公约国际发明专利授权 2 件；认定备案专有技术 95 件，申请计算机软件著作权 25 项。3D 岗位机器换人率提升 7.2%，工序自动化率提升 1.2%，操作室集中化率提升 5%。2023 年，鞍钢集团获国家级试点示范、应用场景及优秀案例 8 项，获省级示范优秀案例 7 项，牵头编制两项智能工厂行业标准，获评国家"数字领航"企业，连续 6 年获评工业和信息化部智能制造试点示范，其中，"鞍钢股份基于数据驱动的钢铁全流程智能工厂"入选工业和信息化部智能制造示范工厂，行业影响力不断提升。

第二节　企业经营情况

2023 年，鞍钢集团主营业务收入 1135.02 亿元，同比下降 13.4%；归属于上市公司股东的净利润-32.57 亿元，同比下降 3115.74%；经营活动产生的现金流量净额为 15.79 亿元，同比下降 74.28%；资产总额 970.14 亿元，同比增加 0.02%。研发费用占营业收入的比重为 2.51%。

第三节　企业经营战略

加快数智建设赋能，全面提升智慧运营水平。鞍钢集团持续创新完善智慧运营一体化管控平台，为公司提升运营效率提供全方位数字赋能，库存周转率提升 3%，订单准时交付率提升 4%。加大新一代信息技术对客户服务体系支撑作用，通过优化系统功能、加大客户通道建设，持续提升客户服务能力。

大力推进科技创新。鞍钢集团聚焦科技创新，锻造国家战略科技力量。深化"四个创新平台"建设，优化完善以行业引领为目标的第二期科技领军计划指标体系，发布第二期科技领军计划项目 122 项、"揭榜挂帅"榜单 2 项，提升企业技术核心竞争力。围绕能源用钢、低碳节能环保等技术开发项目分别与相关下游用户、科研机构签订联合实验室共建协议，联合 8 家科研院所组建创新联合体，稳步推进高品质钢铁材料制备及应用中试基地和流化床氢气炼铁工艺技术中试项目，以适应市场需求的变化。

逐步提高营销管理能力。鞍钢集团发挥营销龙头作用，构建价值创造模型，持续优化产品结构，提升高附加值产品销量，以及品牌影响力、竞争力。

2023 年，鞍钢推广新品种 52 个，拳头产品比例比计划高 4.05 个百分点，直供比例比计划高 9 个百分点，全生命周期合同执行率同比提升 15.86 个百分点，汽车钢销量同比增长 12.2%，重轨销量同比增长 14.85%，取向硅钢、家电用镀锌板、工业纯铁等产品销量均创历史最高水平。鞍钢集团积极拓展海外销售渠道，出口订货量同比增长 33.85%，品种钢出口取得新突破，集装箱用钢、50 米长定尺重轨、EPS 汽车钢均实现首次出口。

持续深入推进成本变革。鞍钢集团通过完善对标体系，找差距、定措施、立项目、补短板、强弱项，不断优化生产经营指标，拓展公司极致降本新路径。不断拓展采购渠道，持续优化采购策略，强化性价比采购，把握节奏择机采购，采购成本得到有效控制。物流管控能力持续提升。通过压实责任、系统联动、服务客户、压降成本，物流效率、资金占用、直付率、途耗等主要物流指标实现新突破，物流成本持续降低。

第十九章

赣锋锂业集团股份有限公司

第一节　企业基本情况

　　赣锋锂业集团股份有限公司（简称"赣锋锂业"）成立于 2000 年 3 月 2 日，注册地位于江西省新余市新余经济开发区，于 2010 年 8 月 10 日在深圳证券交易所中小板上市，2018 年 10 月 11 日在联交所上市。赣锋锂业是中国最大的锂化合物生产商及全球第三大锂化合物生产商，也是全球最大的金属锂生产商。赣锋锂业拥有强大的技术研发及创新能力，拥有多项专利著作权，在多个行业榜单中名列前茅，在《2023 中国民营企业 500 强榜单》中以 418.22 亿元营业收入位列榜单第 289 位。

　　作为锂系列产品供应最齐全的生产商之一，赣锋锂业拥有五大类逾 40 种锂化合物及金属锂产品的生产能力，产品种类丰富。赣锋锂业建立的全球最完整的锂产业价值链涵盖了锂行业上下游的各重要板块，特别在产业价值链的关键阶段，包括上游资源提取、中游锂产品加工和下游锂电池生产及回收。赣锋锂业的经营范围包括危险化学品经营、危险化学品生产、货物进出口、基础化学原料制造、化工产品销售、常用有色金属冶炼、有色金属合金制造与销售、电池制造、资源再生利用技术研发、新材料技术推广服务、工程和技术研究及试验发展等。

　　2023 年，赣锋锂业积极拓展海外项目，在澳大利亚、阿根廷等地的锂资源项目均取得了重要进展，如澳大利亚 Mount Marion 锂辉石精矿项目和阿根廷 Cauchari-Olaroz 锂盐湖项目等，进一步夯实了上游锂资源储备。同时，公司实现了重庆固态电池生产基地一期封顶，并实现了固态电池 pack 的交付。此外，赣锋锂业还计划扩建重庆赣锋项目，将原年产 10GW·h 新型锂电池科技产业园及先进电池研究院项目建设规模提高到年产 20GW·h，这将进一步巩固其在锂电池领域的领先地位。

第二节　企业经营情况

2023 年，赣锋锂业营业收入为 328.12 亿元，同比下降 20.68%；年度利润为 46.11 亿元，同比下降 77.46%；总资产为 523.16 亿元，同比增长 7.06%；流动资产总值为 281.84 亿元，同比下降 14.97%；非流动资产总值为 635.14 亿元，同比增长 32.44%；负债总额为 393.82 亿元，同比增长 30.00%。

第三节　企业经营战略

贯彻"上下游一体化"战略。赣锋锂业贯彻"上下游一体化"战略，致力于构建完善的锂资源开发、锂金属冶炼、锂盐产品深加工、锂电池制造及锂电池回收五大业务板块，产品涵盖金属锂、碳酸锂、氢氧化锂、丁基锂、锂离子电池五大系列 40 多种产品，被称为"全球锂超市"，也是全球锂系列产品专业生产商中品类最齐全、产品加工链最长、工艺技术最全面的企业。目前，已经在阿根廷、澳大利亚、墨西哥、马里、爱尔兰等地投资、建设了多处锂资源项目，涵盖锂辉石、锂盐湖、锂黏土等类型。2024 年 1 月，赣锋锂业对马里锂矿项目进行增持，增资完成后，将持有其 55% 的股权，资源布局进一步获得完善。赣锋锂业海外项目建设不断提速。2022 年 5 月，赣锋锂业阿根廷 Mariana 锂盐湖项目正式开工，建设年产两万吨氯化锂生产基地；6 月，赣锋锂业马里 Goulamina 项目开始建设，规划一期产能达到 50.6 万吨锂精矿；6 月，赣锋锂业阿根廷 Cauchari-Olaroz 锂盐湖项目正式投产，未来将形成 4 万吨碳酸锂产能；同时，赣锋锂业还在不断加强与阿根廷的协商与沟通，就项目建设情况、人民币结算、基础设施建设等议题展开深入磋商。

重点发展锂电池生产回收业务。经过多年布局，赣锋锂业已拥有完整的锂循环生态，从废旧电池中提取的资源将被再次利用于化合物、金属或电池的生产中。目前，全球有超过 10000 位赣锋锂业的员工在锂资源的生产、加工、回收路径上，为资源的良性循环贡献力量。赣锋锂业未来将在全球锂资源的获取、锂提纯与加工、锂电池研发与生产、锂电池回收等方面继续加大资金、人员、技术和研发力量投入，并与国内外科研机构建立长期合作关系，共同开发新产品、新技术、新工艺，以进一步提升创新能力，并保持在全球锂行业的技术领先地位。

技术创新与产能扩张。赣锋锂业持续投资开展技术创新，如"卤水提锂""矿石提锂"和"回收提锂"产业化技术，并计划在 2025 年或之前形成总计年产 20 万吨以上 LCE 的锂产品供应能力。此外，赣锋锂业还在惠州投资建设高性能聚合物锂电池的研发中心及生产基地，以及在重庆建设 20GW·h 新型锂电池科技产业园。赣锋锂业提前布局固态电池领域产业链，已经完成固态电池生产基地的建设，并开始交付首批车用固态电池。

第二十章

北新集团建材股份有限公司

第一节　企业基本情况

北新集团建材股份有限公司始建于 1979 年，是邓小平同志亲自批示建设的国内最大的新型建材产业基地，1997 年在深交所上市，如今已经成长为涵盖建材产业投资、木制品开发、物流贸易及集成房屋业务为一体的，具有领先地位的新型建材领域的综合性大型企业集团，位居世界 500 强。北新集团建材股份有限公司曾两次荣获全球石膏行业突出贡献奖并三次荣获最佳年度公司，荣获"国家级企业管理现代化创新成果一等奖""制造业单项冠军示范企业""中国绿效企业最佳典范奖""全国五一劳动奖状"及荣获中国工业大奖、全国质量奖等多项荣誉。北新集团建材股份有限公司拥有国家企业技术中心、院士专家工作站、博士后科研工作站，截至 2023 年年底拥有授权专利 4852 件，位居同行业第一，成功打造了"龙牌""泰山""禹王""蜀羊""梦牌"等多个高端自主品牌，产品广泛应用于人民大会堂、奥运会场地、世博会场馆等国家重大工程、地标性建筑，2023 年品牌价值首次突破千亿达 1005.37 亿元。

北新集团建材股份有限公司拥有国内外产业基地 120 余个，其中，石膏板产能规模 33.58 亿平方米，是全球最大的石膏板龙骨生产企业，防水业务规模位居行业前三，涂料业务嘉宝莉连年上榜全球涂料 50 强，中华老字号百年"灯塔"品牌涂料服务大国重器。形成了"以投资建材制造企业为依托，以全球物流贸易为发展基础，积极发展木制品及集成房屋事业"的架构。建材制造业务以控股子公司中国建材股份有限公司和全资子公司山东潍坊建筑陶瓷厂为核心阵地；物流贸易业务以物资流通中心、进出口事业部、木业事业部及全资子公司北京北新建材商贸有限公司为核心阵地；住宅产业化业务则以住宅产业发展部为核心阵地。

北新集团建材股份有限公司在 2023 年完成了"灯塔"涂料 51%股权的受让，持有灯塔涂料 100%股权，建成灯塔涂料在天津南港的 5 万吨工业涂料、2 万吨树脂生产基地，进一步完善了公司的工业涂料业务布局。北新集团建材股份有限公司积极开拓非洲、中亚、中东、东南亚等地区的国际市场，进一步提升了公司的国际影响力，在 2023 年实现了海外销售收入的显著增长，同比增长 45.03%。

第二节　企业经营情况

2023 年，北新集团建材股份有限公司实现营业收入 224.26 亿元，同比增长 11.27%；归属于上市公司股东的净利润 35.24 亿元，同比增长 12.07%；经营活动产生的现金流量净额为 47.34 亿元，同比增长 28.76%；总资产为 306.61 亿元，同比增长 5.61%。

第三节　企业经营战略

推进"一体两翼，全球布局"发展战略。"一体"指的是聚焦石膏板、防水系统、涂料三大产品体系，坚持做强做优做大"石膏板和石膏板+"业务。"两翼"则是指加快做强做大防水、涂料业务。"全球布局"是指推动布局非洲、中亚、中东、东南亚等新兴国际市场，实现全球布局。

加快实施"绿色化、高端化、数字化、国际化"。绿色化：围绕国家"双碳"战略，在拓宽能源利用方式、生产工艺技术创新、数字化能源管控、低碳绿色产品开发及应用等方面加快开展绿色化战略，推动建设"六零工厂"。[①]高端化：通过技术创新和品牌建设，提升产品档次和附加值，满足高端市场需求。数字化：加快智能制造，加速数字化建设，推进财务共享中心、智能工厂、电商平台等数字化专项工作。国际化：不断提升国际化指数，做好国际化布局的项目建设，不断扩大市场份额。

---

① 六零工厂：指追求零外购电、零化石能源、零一次资源、零碳排放、零废弃物排放、零员工的建材行业绿色节能工厂。

聚焦主业，推进五个坚持。扎根实业、深耕主业、做精专业，培养核心竞争力，驱动高质量发展。加快实施工业品向消费品转型，推动公司向消费类建材制造服务商转型。坚持协同融合，做实"价本利"，通过转方式、调结构、提质量、增效益，向融合共进要新作为；坚持技术创新和品牌建设双驱动，做实向新质生产力要新动能；坚持规模质量效益均衡发展，做实"两翼齐飞"高质量成长，向高质量经营要新担当；坚持创新驱动，做实"四化"转型，向高水平科技自立自强要新力量；坚持落实质量、安全、环保责任，守好产品质量、安全红线，把牢环保底线。

第二十一章

中国稀土集团有限公司

第一节 企业基本情况

中国稀土集团有限公司成立于 2021 年 12 月 22 日，由国务院国有资产监督管理委员会（简称"国务院国资委"）、中国铝业集团有限公司、中国五矿股份有限公司、中国钢研科技集团有限公司、有研科技集团有限公司、赣州稀土集团有限公司共同出资成立，公司的总部位于江西省赣州市。中国稀土集团有限公司是按照市场化、法治化原则组建的大型稀土企业集团，目的在于实现稀土资源优势互补、稀土产业发展协同。组建后的中国稀土集团是由国务院国资委直接监管的股权多元化中央企业，国务院国资委持有其 31.21% 的股权，中国铝业集团有限公司、中国五矿股份有限公司和赣州稀土集团有限公司等也持有股权。

中国稀土集团有限公司致力于打造一流的稀土企业集团，经营范围涵盖稀土的分离冶炼、科技研发、精深加工、勘探开发、下游应用、产业孵化、成套装备、技术咨询服务、进出口及贸易业务，在多个行业领域处于领先地位。

2023 年，中国稀土集团有限公司全面完成了我国中重稀土资源的整合，这一举措不仅强化了资源自主可控保障能力，还进一步推动了稀土行业的格局变化，以及推动了构建高质量发展格局。通过高效完成向特定对象发行股票项目，中国稀土集团有限公司成功推动了产业链向上游延伸，增加了稀土原矿采矿业务。这一战略举措加强了公司在资源端的保障，为公司提供了更加稳定的原材料供应。

第二节　企业经营情况

2023 年,中国稀土集团有限公司营业收入为 39.88 亿元,同比下降 5.40%;归属于上市公司股东的净利润为 4.18 亿元,同比下降 45.66%;经营活动产生的现金流量净额为 3.46 亿元,同比下降 78.49%;归属于上市公司股东的净资产为 48.56 亿元,同比增长 60.99%;资产总计为 55.37 亿元。

第三节　企业经营战略

战略重组与资源整合。中国稀土集团有限公司通过无偿划转、有偿收购、股份制合作等方式,大力推进稀土资源的专业化整合。这不仅包括对中国铝业集团有限公司、中国五矿股份有限公司等稀土资产的重组,也包括对地方稀土企业的整合,如与广晟集团的战略合作,共同推动稀土产业的专业化整合工作。

科技创新与研发。中国稀土集团有限公司致力于稀土科技研发,推动稀土产业向高端、绿色、智能化方向发展,注重稀土新材料、新技术、新工艺的研发和应用,不断提升稀土产品的附加值和市场竞争力。

市场应用与产业链延伸。中国稀土集团有限公司不仅关注稀土资源的开采和加工,更注重稀土产品的市场应用和产业链延伸,通过技术创新和产业升级,推动稀土产品在新能源、新材料、航空航天等领域的广泛应用,打造具有全球竞争力的稀土产业链。

国际化战略。中国稀土集团有限公司积极推动国际化战略,加强与国际稀土企业的合作与交流,引进先进技术和管理经验,提升公司的国际化水平和竞争力。同时,中国稀土集团有限公司也积极参与国际稀土市场的竞争,拓展海外市场,提升公司的国际影响力。

绿色发展与可持续发展。中国稀土集团有限公司注重绿色发展和可持续发展,积极推行清洁生产、节能减排、资源循环利用等环保措施,致力于打造绿色、低碳、循环的稀土产业链,实现经济效益和社会效益的双赢。

政　策　篇

第二十二章

2023 年中国原材料工业政策环境分析

　　2023 年是全面贯彻党的二十大精神的开局之年，是三年新冠疫情后经济恢复发展的一年。在以习近平同志为核心的党中央坚强领导下，全党全国各族人民顶住外部压力、克服多种困难，我国经济回升向好，高质量发展扎实推进，现代化产业体系建设取得重要进展，向全面建设社会主义现代化国家迈出坚实步伐。面对国际经济复苏缓慢和我国经济平稳增长的形势，我国原材料工业实现了稳增长的中心任务，但主要产品价格震荡下跌，不同行业生产和投资分化较大，进出口贸易不稳定，原材料工业稳增长压力依然较大。

一、以提高供给质量为主攻方向，推动原材料工业高质量发展

　　原材料工业高质量发展需要新的生产力理论来指导，而新质生产力已经在实践中形成并展示出对高质量发展的强劲推动力、支撑力，需要我们从理论上进行总结、概括，用于指导新的发展实践。概括地说，新质生产力具有创新主导作用，变革传统经济增长方式、生产力发展路径，具有高科技、高效能、高质量特征，符合新发展理念的先进生产力质态。因此，我国先后颁布及实施了《前沿材料产业化重点发展指导目录（第一批）》《产业结构调整指导目录（2023 年本，征求意见稿）》《质量强国建设纲要》《关于巩固回升向好趋势加力振作工业经济的通知》等一系列产业政策，以支持与鼓励原材料工业的发展。

二、以《质量强国建设纲要》为纲领，推进原材料工业发展

　　一是指导企业牢固树立先进科学的质量观。建立产品质量是设计出来的、是制造出来的，是依靠试验测试来保障的理念，推动企业把质量工作落

实到研发生产经营全过程，持续提升企业的质量管理和质量技术，推动制造业向中高端迈进。二是强化重大项目、重大工程质量保障。将试验验证作为质量工作的重点，会同有关部门开展质量安全专项联合检查，加强重大工程质量协调调度，为 C919 大型客机等重大工程、重大项目顺利实施保驾护航。三是深入实施制造业"三品"专项行动，促进企业增品种、提品质、创品牌。引导企业向个性化定制、柔性化生产制造的新模式转变。四是坚持将质量提升与管理、技术、标准、知识产权等一体化推进。开展质量可靠性攻关，推动优势技术和创新成果的标准化，制定一批产品质量分级和品牌培育标准，大力推广先进适用技术。五是全面提升企业质量管理水平。通过全国质量标杆等活动推广先进质量管理经验，普及可靠性设计、精益制造、质量管理数字化等先进质量工具和方法，扎实推动企业实现提质增效。六是持续加强制造业质量基础设施建设。建成一批工业产品质量控制和技术评价实验室、国家制造业创新中心、重点实验室、产业技术基础公共服务平台，不断优化产业质量基础体系。

第二十三章

2023 年中国原材料工业重点政策解析

2023 年是实施"十四五"规划承上启下的关键一年,国家对原材料工业制定了一系列重点政策。在综合性政策方面,有《制造业可靠性提升实施意见》(简称《实施意见》)、《关于加快传统制造业转型升级的指导意见》等。在行业政策方面,国家出台了一系列重要文件,通过对钢铁、石化化工、稀土、建材、有色金属等传统产业进行优化升级,大力推进后疫情时期复工复产工作,提升发展质量和效益,并且印发了《纺织工业提质升级实施方案(2023—2025 年)》《前沿材料产业化重点发展指导目录(第一批)》等一系列相关文件。

第一节 综合性政策解析

一、《制造业可靠性提升实施意见》

(一)政策出台背景

可靠性作为反映产品质量水平的核心指标,是制造业发展水平的重要体现。党中央、国务院高度重视高质量发展工作。习近平总书记在参观 C919 大飞机成果展览时强调,坚持安全第一,质量第一,要把安全可靠性放在第一位。党的二十大报告提出,加快建设制造强国、质量强国,推动制造业高端化、智能化、绿色化发展。《质量强国建设纲要》指出,实施质量可靠性提升计划,提高机械、电子、汽车等产品及其基础零部件、元器件可靠性水平,促进品质升级。经过多年探索发展,我国制造业可靠性取得了显著成效,可靠性工程技术体系基本建立,应用领域持续拓宽,部分产品可靠性达到国际先进水平。但总体而言,我国制造业可靠性与国外先进水平相比仍有差距,产业基础存在诸多短板弱项，关键核心产品可靠性指标尚待提升，管理和专业人才保障能力不足，掣肘我国制造业向中高端迈进。

为深入贯彻习近平总书记关于质量工作的重要论述，全面贯彻党的二十大精神，落实制造强国、质量强国建设要求，全面推进新型工业化，工业和信息化部联合教育部、科学技术部、财政部、国家市场监督管理总局印发了《实施意见》，要提升制造业可靠性水平，提高企业核心竞争力和品牌影响力，建设现代化产业体系，为实现制造业高质量发展打下坚实基础。

（二）政策主要内容

《实施意见》提出：将围绕制造强国、质量强国战略目标，聚焦机械、电子、汽车等重点行业，对标国际同类产品先进水平，补齐基础产品可靠性短板，提升整机装备可靠性水平，壮大可靠性专业人才队伍，形成一批产品可靠性高、市场竞争力强、品牌影响力大的制造业企业。到 2025 年，重点行业关键核心产品的可靠性水平明显提升，可靠性标准体系基本建立，企业质量与可靠性管理能力不断增强，可靠性试验验证能力大幅提升，专业人才队伍持续壮大。建设 3 个及以上可靠性共性技术研发服务平台，形成 100 个以上可靠性提升典型示范，推动 1000 家及以上企业实施可靠性提升。到 2030年，10 类关键核心产品可靠性水平达到国际先进水平，可靠性标准引领作用充分彰显，培育一批可靠性公共服务机构和可靠性专业人才，我国制造业可靠性整体水平迈上新台阶，成为支撑制造业高质量发展的重要引擎。

（三）政策影响

目前，我国精密减速器、高端轴承、先进半导体材料、车规级汽车芯片等基础产品及重型数控机床、先进农机、精密测量仪器等整机产品可靠性水平不高。《实施意见》针对上述问题，聚焦机械、电子、汽车三个行业，通过实施可靠性"筑基"工程，补齐基础产品可靠性短板，提高核心基础零部件、核心基础元器件、关键软件、关键基础材料及基础工艺可靠性水平，为相关行业整机产品可靠性提升奠定基础。通过实施可靠性"倍增"工程，促进可靠性增长，推动关键核心产品可靠性水平达到国际先进水平，增强产业链供应链韧性。

二、《关于加快传统制造业转型升级的指导意见》

（一）政策出台背景

传统制造业是我国制造业的主体，是现代化产业体系的基底。推动传统制造业转型升级，是主动适应和引领新一轮科技革命和产业变革的战略决策，是提高产业链供应链韧性和安全水平的重要举措，是推进新型工业化、加快制造强国建设的必然要求，关系现代化产业体系建设全局。

党的十八大以来，在以习近平同志为核心的党中央坚强领导下，我国制造业已形成世界上规模最大、门类最齐全、体系最完整、国际竞争力较强的发展优势，成为科技成果转化的重要载体、吸纳就业的重要渠道、创造税收的重要来源、开展国际贸易的重要领域，为有效应对外部打压、疫情冲击等提供了有力支撑，为促进经济稳定增长做出了重要贡献。石化化工、钢铁、有色金属、建材、机械、汽车、轻工、纺织等传统制造业增加值占全部制造业增加值的比重近 80%，是支撑国民经济发展和满足人民生活需要的重要基础。与此同时，我国传统制造业"大而不强""全而不精"问题仍然突出，低端供给过剩和高端供给不足并存，创新能力不强，产业基础不牢，资源约束趋紧，要素成本上升，巩固提升竞争优势面临较大挑战，需加快推动质量变革、效率变革、动力变革，实现转型升级。

（二）政策主要内容

加快传统制造业转型升级要以习近平新时代中国特色社会主义思想为指导，深入贯彻党的二十大精神，落实全国新型工业化推进大会部署，坚持稳中求进工作总基调，完整、准确、全面贯彻新发展理念，加快构建新发展格局，统筹发展和安全，坚持市场主导、政府引导，坚持创新驱动、系统推进，坚持先立后破、有保有压，实施制造业技术改造升级工程，加快设备更新、工艺升级、数字赋能、管理创新，推动传统制造业向高端化、智能化、绿色化、融合化方向转型，提升发展质量和效益，加快实现高质量发展。

到 2027 年，传统制造业高端化、智能化、绿色化、融合化发展水平明显提升，有效支撑制造业比重保持基本稳定，在全球产业分工中的地位和竞争力进一步巩固增强。工业企业数字化研发设计工具普及率、关键工序数控化率分别超过 90% 和 70%，工业能耗水平和二氧化碳排放水平持续下降，万元工业增加值用水量较 2023 年下降 13%左右，大宗工业固体废物综合利用率超过 57%。

（三）政策影响

从"坚持创新驱动发展，加快迈向价值链中高端""加快数字技术赋能，全面推动智能制造""强化绿色低碳发展，深入实施节能降碳改造""推进产业融合互促，加速培育新业态新模式""加大政策支持力度，营造良好发展环境"等方面明确一系列举措。《关于加快传统制造业转型升级的指导意见》提出，加快先进适用技术推广应用，优化国家制造业创新中心、产业创新中心、国家工程研究中心等制造领域国家级科技创新平台布局。在持续优化产业结构方面，该指导意见明确推动传统制造业优势领域锻长板，推进强链延链补链，加强新技术新产品创新迭代，完善产业生态，提升全产业链竞争优势。

第二节　行业政策解析

一、石化化工、钢铁、有色金属、建材四个行业稳增长工作方案

（一）工作方案出台背景

为贯彻落实党中央、国务院关于稳增长的决策部署，工业和信息化部会同有关部门制定了四个原材料重点行业稳增长工作方案。总的思路是，以习近平新时代中国特色社会主义思想为指导，全面贯彻党的二十大精神，坚持稳中求进工作总基调，统筹发展和安全，统筹扩大内需和深化供给侧结构性改革，统筹国际与国内两个市场、两种资源，着力营造公平竞争市场环境，不断激发市场主体活力；着力巩固去产能成果，保持供需动态平衡；着力扩大有效供给，积极拓展应用市场；着力加快技术改造，推进绿色智能转型；着力深化开放合作，推进更高水平互利共赢，努力实现质的有效提升和量的合理增长，为国民经济平稳健康发展提供有力支撑。

（二）工作方案主要内容

《石化化工行业稳增长工作方案》聚焦石化化工行业"十四五"高质量

发展指导意见和碳达峰实施方案目标任务，系统谋划两年期稳增长举措，坚持问题导向，立足当前，解决需求不振、要素趋紧等问题，从促投资、优供给、稳外贸、保生产、强企业 5 个方面，提出 11 条具体举措。《钢铁行业稳增长工作方案》提出着重从供需两端发力，坚持优化供给与扩大需求相结合、立足当前和着眼长远相结合、市场主导与政府引导相结合，实施"四大行动"。《有色金属行业稳增长工作方案》确定了提升供给能力、保障上下游行业平稳增长，加大技术改造力度、促进行业高端化智能化绿色化发展，引导产品消费升级、培育壮大行业增长新动能，优化进出口贸易，提升行业开放合作水平 4 个方面 11 条具体工作举措。《建材行业稳增长工作方案》从投资、供给、消费、国际合作 4 个方面提出 10 项具体措施。

（三）政策影响

工业和信息化部会同有关部门和行业组织，加强工作协同，强化服务指导，切实抓好工作方案的组织实施。随着国家一系列宏观调控政策效果的逐步显现，在各方的共同努力下，原材料工业一定能够实现稳增长的预期目标。

二、《前沿材料产业化重点发展指导目录（第一批）》

（一）《指导目录》出台背景

新材料产业是战略性、基础性产业，是未来高新技术产业发展的基石和先导。前沿材料代表新材料产业发展的方向与趋势，具有先导性、引领性和颠覆性，是构建新的增长引擎的重要切入点。为加快前沿材料产业化创新发展，引导形成发展合力，工业和信息化部、国务院国资委聚焦已有相应研究成果、具备工程化产业化基础、有望率先批量产业化的前沿材料，组织编制了《前沿材料产业化重点发展指导目录（第一批）》（简称《指导目录》），后续将根据技术发展情况，适时分批发布。

（二）《指导目录》主要内容

新材料产业是战略性、基础性产业，是高新技术产业发展的基石和先导。前沿材料是指新出现的或正在发展的、具备超越甚至反超传统材料的具有优异性能或特殊功能的材料，它代表新材料产业发展的方向与趋势，具有先导性、引领性和颠覆性，是构建新的增长引擎的重要切入点。入选《指导目录》的前沿材料具有三个方面特点：一是国内已有相应研究成果；二是具备工程化产业化基础；三是有望率先批量实现产业化，起到产业引领作用。超材料、超导材料、高性能气凝胶隔热材料、先进 3D 打印材料、液态金属等 15 类前沿材料入选《指导目录》。

（三）政策影响

目前，我国前沿材料研发总体处于与国际"并跑"阶段，但产业规模与体量较小，大规模应用尚未到来。加快发展前沿材料，是顺应全球科技革命和产业变革加速演进趋势、实现高水平科技自立自强的重要方向，是前瞻布局、培育壮大新材料产业和未来产业、推动供给侧结构性改革和经济高质量发展的重要举措，是满足信息技术、智能制造、能源安全、生命健康等领域未来发展需求、推进国家制造强国和科技强国建设的重要保障。

《指导目录》的发布有利于引导社会优势资源和各类市场主体集中发力，结合实际情况积极开展前沿材料技术创新、应用探索和产业布局，创造更多、更丰富的应用场景，助力建设"材料强国"。

热 点 篇

第二十四章

中国石油和化学工业联合会发布《2023年度重点石化产品产能预警报告》

第一节　背景意义

"十四五"以来，中国石化化工行业进入产能扩张周期，尤其在2020—2022年时期产能增速提升较快。该阶段推动产能增长的因素主要是炼化一体化的逐步推进、行业龙头企业的扩产增产、原料多元化（低成本原料）、新增消费驱动等。伴随产能高速增长，主要石化产品供应能力大幅提升，叠加受宏观经济放缓、能源价格上涨、突发事件多发等因素影响，半数以上的产品开工负荷有所下降。2023年中国石化化工行业仍处于中高速扩张阶段，而需求尚处于恢复状态，加之我国石化产品的主要出口目的地欧美等衰退压力增大，将在一定程度上对于我国石化产品出口产生一定影响，因此2023年中国石化产品阶段性的供需矛盾依然较为突出，造成产能利用率下降，需加强产能统计监测与预警。

第二节　主要内容

中国石油和化学工业联合会在2023年石化产业发展大会上发布《2023年度重点石化产品产能预警报告》（简称《预警报告》）。《预警报告》指出，在中国石油和化学工业联合会（简称"石化联合会"）重点监测的28个行业和产品中，只有9个行业和产品的产能利用率比2022年有所提高，占比32%；两个行业和产品的开工率基本保持稳定，占比7%；17个产品的产能利用率有所下降，占比 61%。总体来看，多数产品出现产能过剩。

目前我国大宗石化化工产品结构性矛盾显现。从供给端来看，大宗石化化工产品产能、产量均大幅增长。石化联合会监测数据显示，2023 年我国主要化学品生产总量 7.2 亿吨，同比增长 6%。石化行业炼化一体化项目投产和产业链"延链""补链"，石化原料和合成树脂处于扩产高峰期。传统化工基础原料产能持续扩张。此外，环氧丙烷、环氧氯丙烷产能大幅增长；"1,4-丁二醇"（BDO）和电石等原料产能增长；新能源材料产能急剧增长；传统合成橡胶产品产能也出现增长；化肥产量有较大增长。从需求端来看，石化产品消费需求稳定增长。乙烯、丙烯、环氧丙烷、环氧氯丙烷、醋酸、新能源电池正极材料磷酸铁锂、聚酯—纺织服装产业链、化纤原料消费等需求均出现增长。我国主要石化产品产能、产量快速增长，市场供应能力不断增强，有效支撑了国民经济的发展。但目前投资主要集中在大宗基础原料及中低端化学产品上，且现有产能高但产能利用率低，发展不平衡，结构性矛盾日益增长。

从投资端来看，目前我国石化化工行业受资本青睐度较高，但应注意投资风险。《预警报告》提出未来几年，大宗石化化工产品产能将保持持续增长态势。乙烯、乙二醇等产品新建项目集中建设；丙烯、聚丙烯、精对苯二甲酸（PTA）、己内酰胺、环氧丙烷、环氧氯丙烷、环氧树脂、顺丁橡胶、电石和"1,4-丁二醇"（BDO）等产品将面临严重产能过剩的局面；聚烯烃弹性体（POE）、磷酸铁锂等高端产品也存在投资过热的问题，投资过热将影响行业盈利。国家统计局数据显示，2023 年石化行业利润总额为 8733.6 亿元，同比下降 20.7%。由于原油、天然气及大宗石化化工产品的价格大幅下降，丙烯、PTA、甲醇、乙二醇、己内酰胺、聚丙烯、聚氯乙烯、丁基橡胶和电石连续两年亏本，石化化工整个行业出现"增产增销不增利"的状况。未来几年，由于化工产品产能快速增长，行业竞争激烈，企业盈利将大幅下跌。

《预警报告》建议，引导企业精准投资，坚定不移地推动增量资产高质量发展。要开展基础大宗化学品集中建设，加强高端化、差异化品种和牌号发展。还要加快高端聚烯烃塑料、工程塑料和特种工程塑料、聚氨酯材料等化工新材料及高端专用化学品的创新发展。

第三节　事件影响

　　《预警报告》提出，要加强产品产能统计监测及预警，警惕化工产能过剩，加强对热点化工产品进行产能检测，避免盲目扩张产能。建议由中国石油和化学工业联合会联合各专业协会、重点企业成立产能预警工作组，建立常态化产能监测与预警机制，完善预警信息发布。此外，通过加强新增产能项目先进性评审。新建的石化化工项目都对项目的先进性和盈利能力进行了分析，避免项目低水平重复建设，可有效地为石化行业发展进行预警，及时调整产业结构，从而为企业制定发展战略和投资决策提供重要的参考依据。

第二十五章

中国钢铁工业协会发布《钢铁行业数字化转型评估报告（2023年）》

第一节　背景意义

　　数字化转型是新型工业化的鲜明特征，是加速钢铁工业高质量发展的重要引擎。近年来，钢铁行业数字化发展成效显著，5G、工业互联网、大数据等技术与钢铁工业融合发展不断加速，已经成为推动钢铁行业降本、增效、提质的重要途径。数字化水平明显提升，数字化应用场景不断丰富，国产化装备和工业软件快速应用。同时，钢铁行业依然存在数字化转型体系不健全、企业发展水平不均衡、数字化赋能不足等问题。《钢铁行业数字化转型评估报告（2023年）》（简称《评估报告》）分析了目前钢铁行业数字化转型的现状及存在的诸多问题，旨在为企业数字化转型提供指导，全面提升钢铁行业数字化转型效率和质量。

第二节　主要内容

　　中国钢铁工业协会发布的《评估报告》根据基础建设、单项应用、综合集成及协同创新四大指标，对49家钢铁企业的数字化转型情况进行了全面、细致的评估，显示出钢铁行业在数字化领域呈积极发展态势。

　　在基础建设层面，众多企业已将数字化转型作为战略重点。93.9%的企业将数字化转型融入企业总体发展战略规划中，并投入大量资金开展数智化改造，加快对传统项目的智能化改造升级。此外，多数企业设立了数据治理机构，加强职能数据管理机制，63.3%的企业组建了数据治理团队或部门，专门开展数据治理工作。

在单项应用方面，信息技术在能源管理、环保监测、安全管控、物流仓储、设备监控、生产过程优化等方面的创新场景大幅增加，生产流程整体信息化水平有所提升在企业的生产车间中，广泛应用管理信息系统，工业机器人的使用密度大幅上升，生产流程的数字化、智能化大幅提高。

在综合集成方面，产量为 500 万吨规模以上企业基本实现了管控衔接、产销一体和业财无缝。78.7%的企业应用信息技术实现订单排产与优化，40%的企业的主要产线应用了三维可视化仿真技术智能工厂和智能集控中心正在成为新发展趋势。

在协同创新方面，企业积极构建上下游产业链高度紧密衔接的生态环境，加强上下游企业之间的信息同步。到目前为止，企业均能在不同程度上实现与上下游客商的在线协同，其中，53.1%的企业可与供应商实现订单协同，较上年提高 9.5 个百分点；79.6%的企业对大数据模型进行了试点应用，18.4%的企业已开展局部人工智能应用。利用工业互联网技术实现智能化生产过程管控和智慧化运营管理的企业分别达 79.6%和 57.1%，较上年分别提高 7.3 个百分点和 1.8 个百分点，呈稳步上升趋势。

《评估报告》还指出，我国钢铁行业数字化转型仍存在诸多问题，需要在发展中进一步解决。就单项应用方面，生产制造领域的智能化水平有待提升；在生产管理方面，部分企业在工器具管理、生产计划和工艺控制指令下发过程中的自动化水平较低；在经营管理方面，内部供应链的信息化管理覆盖不足；在生产制造方面，工业机器人在整个产业链的各个生产工序中应用分布不均，在生产过程中的无人化、数据智能分析和优化等方面还不够成熟；在产品研发方面，企业研发人员的占比和研发基础设施投入有待提高。在综合集成方面，需要加强不同业务流程之间的对接，运营精细化方面仍有较大的提升空间。例如，产品设计与生产衔接方面，生产路径选择及过程质量控制的部分参数仍然需要人工设置、调整；企业的总体数智化管控水平偏低，能够进行企业资源计划系统、制造执行系统、过程控制系统整体集成融合的企业占比不高。

在协同与创新方面，总体水平有待提升。制造和服务的全周期管控方面，存在对客户需求理解不足等问题；工业互联网平台建设及应用过程中需对企业运营管理和产业链协同的应用开展进一步强化；人工智能在钢铁行业的应

用仍处于初级阶段，存在技术与实际应用需求不匹配的情况。

第三节　事件影响

　　钢铁行业的数字化转型不仅增强了企业的运营效能，还推动了整个行业的创新与可持续发展。通过强化数据治理、推广信息技术应用、实现综合集成及促进协同创新，钢铁企业能更灵活地应对市场变化，提升自身的竞争力。《评估报告》综合钢铁企业的产能规模、装备技术升级、生产模式创新、数智化应用水平等方面总体得分情况，将参评企业划分为 3 个梯队：第一梯队的企业数智化投入较大，已将数字化转型上升为与企业发展战略同等重要的层级，已有总体规划蓝图，正在逐步落地推进。第二梯队的企业要紧跟行业数字化、智能化技术发展的新趋势，对优秀案例和先进做法快速反应，并形成适宜自身特点的创新应用。第三梯队的企业通常受规模、资金、产品特点等因素影响，总体投入不大，智能制造呈现"小步快跑"推进特点。《评估报告》有助于钢铁行业的数字化转型，并对不同梯队的企业提出相对应的发展建议：第一梯队建议增强跨领域协作与创新发展；第二梯度建议加强全生命周期的管理；第三梯队建议进一步提升生产制造水平过程中智能化应用水平。此《评估报告》对中国制造业的现代化也具有重要推动作用，并为其他传统产业的数字化转型提供了宝贵的参考经验，将带来更多的正面影响。

第二十六章

中国有色金属工业协会等共同发布《全球再生有色金属产业共创绿色未来倡议书》

第一节　背景意义

全球绿色低碳发展趋势正逐渐形成，再生有色金属产业发展机遇与挑战并存。在此背景下，中国有色金属工业协会再生金属分会、国际回收局、美国废料回收工业协会、中东回收局、印度物资回收协会、马来西亚有色金属回收商会、泰国回收企业家协会、老挝回收商会一致认为：在破解资源环境约束、实现可持续发展和碳达峰碳中和目标等方面，迫切需要发展有色金属再生产业，需要各国高度融合、相互依存，跨越发展阶段差异，努力构建国际合作的新框架，开辟共同发展的新路径。要秉持开放包容、互学互鉴、互利共赢的精神，共同开创再生有色金属产业更加强劲、更高质量的发展新格局。

第二节　主要内容

2023 年 11 月，中国有色金属工业协会再生金属分会联合其他国家的行业协会发布《全球再生有色金属产业共创绿色未来倡议书》(简称《倡议书》)，呼吁各国再生有色金属企业主动担当责任、加快技术创新、积极加入绿色"一带一路"建设。《倡议书》的主要内容有：一是主动担当责任，协同推进资源高效循环利用和降碳、减污，在实现企业自身更好发展的同时，推动再生有色金属产业高质量协同发展。二是加快技术创新，通过先进适用技术装备

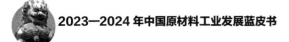

和智能化进一步降本增效，不断提升产品性能，拓展应用领域，为打造绿色低碳产业链、供应链注入新的增长动力。三是积极加入绿色"一带一路"建设，共建再生有色金属产业合作园区，分享绿色发展经验，促进技术成果转移转化和人才培养，造福各国人民。

第三节　事件影响

此《倡议书》能加速促进各国再生有色金属企业、协会及商会之间形成合力，把共识和愿景转化为行动，有效加强政策对话、贸易对接、项目投资、技术合作，构建信息分享平台及国际合作论坛等，加强不同国别间有色金属再生产业之间的交流与合作，共同打造产业发展的标杆和示范项目；加大规划引领与宣传招商，让社会各界更了解、重视和支持再生有色金属产业，共享绿色低碳发展的成果。

第二十七章

我国水泥行业已实现碳达峰

第一节　背景意义

　　我国水泥行业碳排放量约占建材行业碳排放的 83%、全国碳排放总量的 10%、全球碳排放总量的 3%，碳减排将成为水泥行业长期任务。自《中共中央　国务院关于完整准确全面贯彻新发展理念做好碳达峰碳中和工作的意见》、国务院《2030 年前碳达峰行动方案》相继印发，从顶层设计上完成了我国碳达峰碳中和工作的总体部署。以此为标志，各领域、各地区碳减排规划指导文件陆续出台，《建材行业碳达峰实施方案》《能源碳达峰实施方案》《高耗能行业重点领域节能降碳改造升级实施指南》等具体举措相继实施，水泥行业全国碳排放权交易市场建设、全面实施水泥行业超低排放改造等工作加快推进，我国经济社会全面绿色低碳转型重大制度调整的《关于推动能耗双控逐步转向碳排放双控的意见》发布，标志着系统化、体系化地全面推动建材行业绿色低碳转型发展的宏观环境已经建立，水泥行业碳减排发展方向已不可逆转。

第二节　主要内容

　　中国建筑材料联合会党委书记、会长阎晓峰在"2023 年建筑材料行业大会"上，明确提出水泥行业提前实现碳达峰，建材行业将全面实现碳达峰、迈向碳中和时代。

　　从碳排放量来看，我国水泥行业二氧化碳的碳排放量在 2020 年为 12.3 亿吨，达到最高峰值，但 2021—2023 年其碳排放量持续下降。受宏观环境、技术迭代更新以及市场等方面的影响，2023 年碳排放量虽然有所起伏，但水泥行业整体已经达到碳达峰。

以"双碳"为核心的宏观环境基本完善，将持续引导水泥行业降碳转型发展。围绕"双碳"目标要求，2022 年中国建筑材料联合会组织对水泥行业适用技术及前沿技术体系进行系统化梳理，编制了《水泥行业碳减排技术指南》，为企业节能降碳改造提升提供指导和支撑。目前，全国水泥企业已将节能降碳改造提升作为首要的生产经营管理任务。此外，新型低碳水泥产品的研发和应用，以及水泥熟料的精细化、减量化应用技术，将持续加快水泥行业减排减碳。未来随着水泥产品生产总量减少，生产质量高效提升，水泥行业的碳排放量将持续下降，水泥行业的低碳化趋势已经不可逆转。

第三节　事件影响

我国水泥行业已实现了碳达峰，但碳达峰不是水泥产业发展的终极目标，而是行业改革发展后的新起点。在转型发展，"减碳"过程中，水泥行业坚持以科技创新为主，不断推进减碳减排工作，积极谋划碳中和，布局新发展，重塑行业定位和价值塑造，从更高层次、更加系统地积极推动形成现代化建材产业体系，从而能够更充分、更安全、更及时地应对这一全局性的系统性大变革。

第二十八章

《中国禁止出口限制出口技术目录》公布涉及稀土相关技术

第一节　背景意义

　　稀土是不可再生的稀缺性重要战略资源，稀土磁铁是制成品中需要使用到的主要产品。中国稀土储备资源丰富，约占全球稀土开采产量的 60%，加工和精炼量则占据近 90%。中国几乎主导着全球稀土磁铁的供应，以及稀土磁铁制造过程的每一个环节，是唯一有能力从头到尾大规模生产稀土磁铁的国家。此外，中国的稀土矿石加工能力也占全球的 85%，稀土磁铁制造产能在全球占比超过 90%，中国稀土的出口限制将对全球稀土市场和相关产业产生重大影响。

第二节　主要内容

　　2023 年 12 月 21 日，商务部、科技部发布关于公布《中国禁止出口限制出口技术目录》（以下简称《目录》）的公告，中国将对稀土这一战略资源的开发利用和出口进行更严格的管理和控制。主要内容有：一是禁止出口部分：新增了对稀土金属及合金材料生产技术的出口禁止；删除了对离子矿堆浸技术的出口禁止；将稀土萃取剂调整为限制出口技术；将磁体（钐钴、钕铁硼、铈磁体）制备技术、稀土晶体领域的稀土硼酸氧钙制备技术及钕玻璃新增至禁止目录。二是限制出口部分：将离子矿浸取及稀土采矿、选矿、冶炼技术新纳入限制出口部分（采矿、选矿在限制出口，萃取分离、金属合金在禁止

出口，其余冶炼在限制出口）；删除稀土色釉料；新增硅酸钇镥、溴化镧晶体技术。

第三节　事件影响

本次《中国禁止出口限制出口技术目录》的修订是中国为适应技术发展、国际形势变化、完善技术贸易管理等方面进行的调整。作为全球主要稀土供应商的中国将稀土金属和稀土磁体制造技术列入禁止出口或限制出口清单，可能将加大美国和其他西方国家战略原材料供应的难度，让其在这场"供应竞争"中受到阻碍，这一新规本身并不影响稀土产品的出口，但仍可能会对其他地区的稀土行业发展产生影响。我国始终坚持开放促改革、促发展，在维护国家安全和发展利益的基础上，积极为国际合作贸易提供良好的环境。

展　望　篇

第二十九章

主要研究机构预测性观点综述

第一节　石化化工行业

一、中国石油和化学工业联合会

根据宏观经济运行趋势、行业生产、价格走势、结构调整变化综合分析判断，2023 年，随着疫情的平稳过渡、宏观经济的复苏，以及低基数的影响，我国石化化工行业的下游需求开始从底部回升。我国原油产量达到 2.09 亿吨，同比增长 2%。天然气产量为 2460 亿立方米，连续七年增量超过百亿立方米。全年化肥总产量（折纯）同比增长 5%，其中，氮肥产量（折纯）同比增长 7%，磷肥产量（折纯）同比增长 6%。尽管钾肥产量（折纯）同比下降 6.2%，但其生产量仍占国内表观消费量的 53%，有效克服了钾资源短缺的问题，稳定了国内市场。农药原药产量（折纯）较上年增长 2.8%，进一步巩固了我国作为全球最大农药生产国的地位。

2023 年，我国石化行业规模以上企业的工业增加值较上年增长 8.4%，高于全国工业增速 3.8 个百分点；累计营业收入达到 15.95 万亿元，同比下降 1.1%；利润总额为 8733.6 亿元，同比下降 20.7%；进出口总额为 9522.7 亿美元，同比下降 9.0%。行业经济运行总体呈现低位回升、稳中有进态势，为国家能源安全和经济社会发展提供了坚实保障。在三大板块中，油气板块实现营业收入 1.44 万亿元，同比下降 3.9%，利润为 3010.3 亿元，同比下降 15.5%；炼油板块实现营业收入 4.96 万亿元，同比增长 2.1%，利润为 656 亿元，同比大幅增长 192.3%；化工板块实现营业收入 9.27 万亿元，同比下降 2.7%，利润为 4862.6 亿元，同比下降 31.2%。中国石油和化学工业联合会分析经济数据下降的原因主要有三个：首先，价格下降，2023 年石油和天然气开采业的出厂价格同比下降 10.2%，化工原料和产品的出厂价格同比下降 9%；其次，价格下降导致产销量增加但效益下降，原油、天然气及大多数石化化工产品的价格大幅下跌，造成了 2023 年石化化工行业"增产增消不增利"的局面；最后，价格下降导致进出口量增加但进出口额下降，尽管主要石化产品的出口量和进口量均有所增加，但出现了"量增价减"的现象。

从全年来看，石化化工行业的效益总体呈现出前低后高的趋势，下半年收入和利润有所增加，增速回升。上半年，石化化工行业的营业收入和利润总额分别为 7.6 万亿元和 4310.9 亿元，同比下降 4.4% 和 41.3%；而下半年，石化化工行业的营业收入和利润总额分别达到 8.3 万亿元和 4422.8 亿元，同比实现增长 2.1% 和 20.5%。中国石油和化学工业联合会预测：至 2024 年，国内三大合成材料消费增速有望达到 4%～5%。而在国内新增产能短暂放缓的 2024 年，国内石化行业的盈利有望显著改善。中国石油和化学工业联合会建议，国内石化行业应充分利用这一"调整"时机，以需求为导向，借助数字化、高端化、绿色化和国际化等手段，积极提升自身实力，加快推进中国式现代化和新型工业化，切实落实"双碳"目标下对石化行业高质量发展的新要求。

二、中国石化经济技术研究院

中国石化经济技术研究院在《绿色复苏，创新未来——2024 年能源化工产业发展展望》中表明了对石化行业的观点。

（一）全球能源危机压力缓解，但转型与动荡并存

2023 年，全球能源危机边际减弱，油气价格高点回落，转型重回正轨。一次能源消费增速恢复至疫情前水平，全年消费 146.9 亿吨油当量，同比增长 1.8%。出于保安全的原因，全球煤炭消费再创新高；北美页岩油气出现超级并购，化石时代尚未终结；非化石能源消费增速超疫情前水平，带动关键矿物需求激增。不同国家能源消费出现分化，欧洲油气资源依然偏紧，亚洲消费加快恢复，中国和欧美国家引领新能源发展。2024 年，全球能源市场回归均衡，有序转型重新起航。预计 2024 年全球一次能源需求 149.4 亿吨油当量，同比增长 1.7%。其中，煤炭需求触及拐点，同比降低 0.1%；油气需求进入低增长阶段，石油同比增长 0.8%，天然气同比增长 1.6%；非化石能源

需求增长加快，同比增长 5.7%，增量由非水可再生能源主导。

（二）油气市场努力探求再平衡，但价格变化充满挑战

由于俄乌冲突的外溢影响减弱，2023 年布伦特原油期货均价为 82 美元/桶，同比下降 17%。美联储持续加息对经济和需求产生冲击，以及 OPEC＋减产对油价起到支撑作用，成为 2023 年影响国际石油市场基本面的两大主要因素。同时，石脑油与原油价差落入负值区间，反映出下游化工市场需求不旺。2024 年，从需求侧来看，全球经济低迷加之新能源汽车快速发展，石油需求增长 110 万桶/日，低于疫情前 10 年 120 万～130 万桶/日的平均水平。从供给侧来看，即使 2024 年油价走弱，但由于钻机效率的提高和水平段的延长，美国仍有动力实现近 100 万桶/日的增长。在美国的引领下，其他非 OPEC 国家，如圭亚那、巴西、加拿大等也均有潜力。因此，市场对 OPEC＋产量的需求较低，虽然沙特阿拉伯有意继续减产，但 OPEC＋内部意见并不完全一致。2023 年，OPEC 剩余产能达 360 万桶/日，供应充足。预计 2024 年布伦特期货均价在 73～85 美元/桶之间波动，中东地缘政治的变化，包括巴以冲突是否扩大、胡塞武装对红海的控制及伊拉克民兵的行动等需要业内充分关注。

天然气市场方面，由于年初北半球气温偏暖、欧美储气库充足、需求侧管理加强、地缘政治影响衰减，2023 年全球天然气价格显著回落，天然气普氏日韩标杆指数均价为 13.83 美元/百万英热单位，同比下降 60%。预计 2024 年全球天然气市场供需均小幅增长，至 4.1 万亿～4.2 万亿立方米（同比增长 2.4%～2.5%）。欧盟大力发展可再生能源，天然气需求受限，但供给端压力仍存，进口重心转移至美国和卡塔尔，与亚洲液化天然气（LNG）市场竞争持续；在亚洲地区，日韩需求萎靡，中国恢复增长，亚洲与欧洲均加大基础设施建设，但受制于巴拿马运河水位问题，美亚贸易不畅，预计 2024 年全球天然气供需仅实现"中性平衡"（部分地区、部分时段可能出现短期供应紧张），市场宽松预估需要等到 2026 年之后，预计 2024 年天然气普氏日韩标杆指数均价为 9～12 美元/百万英热单位。

（三）国内油气产业加大勘探开发，端牢能源饭碗新篇章

2023 年，国内三大石油公司在油气勘探开发领域取得新突破，长庆和渤海再获亿吨级油气大发现，巴中气田获得超 300 亿立方米储量；新建原油产

能 2250 万吨/年、天然气产能 420 亿立方米/年，增强了油气资源供应保障能力，夯实了能源安全基石；全年国内原油产量 2.09 亿吨（同比增长 2.0%），天然气产量 2329 亿立方米（同比增长 5.8%）。由于国内资源品位持续降低，各项成本呈上升趋势，效益勘探难度加大，提高采收率技术亟待攻克，未来上游任务依然繁重。预计 2024 年国内原油产量 2.12 亿吨（同比增长 1.4%），天然气产量 2440 亿立方米（同比增长 4.8%）。

（四）炼油业重回发展轨道，转型压力不减

2023 年，国内成品油消费总量恢复至疫情前水平，国家发展改革委统计数据显示，全年成品油消费 3.7 亿吨，同比增长 13%（按终端口径增长 16%）。分品种来看，出行反弹带动汽油和航煤消费大幅增长，随着供应侧恢复，柴油消费也温和回升。2024 年，成品油消费"平台"特征渐现。预计汽车产销将突破 3100 万辆，同比增长 3% 以上；新能源汽车销售渗透率不断攀升，由 2023 年的 32% 增长至 37%。按照国家发展改革委统计口径，预计 2024 年国内成品油需求仅增长 1.5%。

2023 年，国内炼油能力为 9.40 亿吨/年，原油加工量为 7.35 亿吨（同比增加 9.3%），加工负荷率升至 78%（较 2022 年提高 5 个百分点）。2024 年，裕龙石化 2000 万吨/年炼化一体化项目预计年中投产，加之大榭石化扩建完成，全国炼油能力将增至 9.60 亿吨/年。商务部公布的 2024 年非国营贸易原油进口允许量为 2.43 亿吨，基本与 2023 年持平。结合油品需求变化，预计 2024 年国内原油加工量将达 7.60 亿吨，同比增长 3.4%。近 2 年，虽然终端需求复苏，企业效益改善，但成品油需求达峰的趋势不变（主要原因是燃油车的保有量渐近峰值），国内市场的竞争形势依然严峻，炼油行业转型压力不减。

（五）大宗化工品产能建设需求增长，行业效益受影响

近年来，化工市场呈现出产能集中释放、下游需求低迷、行业运行效益不佳的特点。2023 年，国内乙烯产能 5297 万吨/年（同比增加 13%），当量消费 6090 万吨（低基数之上增长 6.7%），开工率为 83%，自给率为 72%（2020 年仅为 51%）；三大合成材料产能 2.09 亿吨/年（同比增长 11%），表观消费 1.65 亿吨（同比增长 6.5%），开工率为 79%，自给率为 120%，国内三大合成材料新增产能远高于新增消费。

第二节　钢铁行业

一、冶金工业规划研究院

冶金工业规划研究院在 2023 年年底发布了最新的中国钢材需求及预测研究成果。2023 年，我国钢材消费量已达 8.9 亿吨，同比减少 3.3%。在此期间，机械、汽车、能源、造船和家电等行业的钢材需求呈现增长趋势，而建筑、五金制品、铁路、钢木家具、自行车、摩托车及集装箱等行业的钢材需求下降。预计到 2024 年年底，我国钢材需求的同比降幅将有所减小，总量将降至 8.75 亿吨。

（一）建筑钢材需求仍将继续下行

作为钢铁行业的主要下游需求市场，房地产行业在 2023 年持续探底，对钢铁行业稳增长形成较大压力。冶金工业规划研究院综合分析了下游行业的经济运行状况、投资规模和产品产量等多个因素，据研究统计，2023 年我国建筑行业的钢材消费需求达到约 5.06 亿吨，同比下降 4.8%。房地产、基础设施和制造业是我国钢铁消费需求最主要的用钢行业，其中房地产占比最大。截至 2023 年年底，房地产行业进入深度调整阶段，虽然基建、制造业保持稳中有增的发展态势，但难以弥补下降空间，因此用钢总量仍将呈下降趋势。根据先行指标，2023 年，全国房地产开发企业的到位资金同比减少13.4%，房屋新开工面积同比下降 21.2%。预计这些因素将持续对房屋建筑领域的钢材消费需求产生负面影响。

（二）机械、新能源汽车等行业钢材需求呈现明显增长态势

随着我国当前经济和产业结构的调整，各领域的用钢比例也随之产生变化。尤其是机械、造船、能源、家电、汽车等行业钢材需求呈现明显增长趋势。冶金工业规划研究院预测，2024 年，机械行业为 1.73 亿吨，同比增长0.6%；汽车行业为 5840 万吨，同比增长 3.9%；能源行业为 4540 万吨，同比增长 4.8%；造船行业为 1740 万吨，同比增长 16%；家电行业为 1660 万吨，同比增长 2.2%。随着工业稳增长政策的效应显现，推进新型工业化持续走深走实，以光伏、风电等新能源，特高压输变电，绿色制造，智能制造为代表的高端制造业将持续带动制造业的投资增长。

（三）2024 年全球钢材需求总量有望增加

通过对全球及各地区经济发展和钢材需求的分析，冶金工业规划研究院统计，2023 年全球钢材消费量达到 17.7 亿吨，同比减少 1.3%。然而，2023 年中国的钢铁出口仍然保持在高位。根据海关的数据，仅在 11 月份，中国钢材出口量达到 800.5 万吨，同比增加 43.2%，环比增长 0.8%，这是 2023 年内单月出口第四次突破 800 万吨大关。全年中国钢铁出口量为 9026.4 万吨，同比增长 36.2%。目前，中国的钢材出口政策主要集中在限制低端产品的出口，同时鼓励更多高端产品参与国际市场竞争。然而，鉴于地缘政治局势的紧张加剧，以及地缘经济和金融的日益分裂，全球经济增长速度将进一步放缓，这会对中国钢材出口的扩展构成不利影响。

冶金工业规划研究院预测，在全球经济平稳增长预期背景下，2024 年全球钢材需求总量同比增加。其中，亚洲是钢材消费全球占比唯一下降地区，下降 0.64 个百分点至 69.72%，但钢材消费比重仍居全球首位。欧洲、非洲、中东、北美洲、独联体、南美洲消费占比有不同程度的提高。当前应结合中国所处发展阶段，摸清中国钢铁行业的减排贡献，测算钢铁行业减排成本，促进合理碳定价机制的建立，为关于 CBAM 议题的沟通谈判提供专业支撑。钢铁企业也应提前谋划，加速推动低碳发展，全面提升低碳竞争力，做好应对。

二、世界钢铁协会

2024 年 4 月 9 日，世界钢铁协会发布最新版短期（2024—2025 年）钢铁需求预测报告，该报告表明由于货币紧缩的滞后影响、高成本和地缘政治的高度不确定性导致钢铁市场高度波动，需求增长下调。

预计，2024 年全球钢铁需求将增长 1.7%，达到 17.93 亿吨（此前预测为 18.491 亿吨），2025 年将进一步增长 1.2%，达到 18.15 亿吨。

在中国，由于房地产投资持续下滑，2024 年的钢材需求预计将保持在 2023 年的水平，但相应的钢材需求损失将被基础设施投资和制造业带动的钢材需求增长所抵消。预计 2025 年中国钢材需求将恢复下降趋势，降幅为 1%，这表明中国可能已达到钢材需求的峰值。随着中国逐渐摆脱依赖房地产和基础设施投资的经济发展模式，中国的钢材需求在中期内可能会继续下降。

发达国家的钢材需求预计出现增强性复苏，预计 2024 年将增长 1.3%，2025 年将增长 2.7%，其中，欧盟钢铁需求最终在 2025 年出现显著回升，而美国、日本和韩国的钢材需求将继续保持稳定。自 2021 年以来，印度一直是钢铁需求增长的最强劲驱动力，世界钢铁协会预计，在所有用钢行业持续增长，特别是基础设施投资持续强劲增长的推动下，2024 年和 2025 年印度钢铁需求将继续增长 8%。上述预测报告称："预计 2025 年印度的钢铁需求将比 2020 年增加近 7000 万吨"。中东和北非及东盟的钢铁需求在 2022—2023 年大幅放缓后，预计将在 2024—2025 年加速增长。同时，该协会预计东盟地区面临的挑战日益增多，如政治不稳定和竞争力下降，可能导致未来钢材需求增长放缓。

第三节　有色金属行业

一、中国有色金属工业协会

中国有色金属工业协会数据显示，2023 年中国有色金属工业运行呈现出积极向上的态势，有色金属工业生产保持平稳，但价格分化明显，尤其是矿产品进口增长，铝产品出口同比下降。回顾 2023 年，我国有色金属产业具有以下四个方面特点：

（一）十种有色金属产品产量首次突破 7000 万吨

2023 年，十种有色金属的产品产量达到 7470 万吨，同比增长 7.1%。其中，精炼铜的产量为 1299 万吨，增幅为 13.5%；电解铝的产量为 4159 万吨，增长 3.7%；工业硅的产量为 370 万吨，增幅为 13.8%。在压延加工方面，铜材和铝材的产量分别为 2217 万吨和 6303 万吨，年增幅分别为 5% 和 5.7%。中国的有色金属产量约占全球总产量的 57%。

（二）有色金属固定资产投资增幅创十年历史新高

2023 年，有色金属工业的固定资产投资比上年增长 17.3%，持续保持高位增长，增速较上年提升 2.8 个百分点，且高于全国工业投资增幅 8.3 个百分点。尤其是在光伏、风电和锂电等新能源领域，对有色金属矿产资源和材料的投资显著增加。

（三）国际贸易实现质的提升和量的增长

2023 年，中国有色金属的进出口总额达到 3315 亿美元，同比增长 1.5%。尽管铝材及相关产品的出口有所下降，但总出口量仍达 809 万吨，位列历史第三高；全年铜材净出口为 32 万吨，创下历史新高，其中，铜板带、铜箔等中高端产品首次实现净出口；稀土冶炼分离产品的出口量为 5.2 万吨，同比增长 7.3%，中高端产品，如稀土永磁体的出口比例不断上升，接近稀土产品出口总量的 50%；稀散金属，如铟、硒、铼、锗等的出口结构进一步优化，同时金属的进口量增幅均超过 50%，稀散金属产业正在向进出口并重的"双向贸易"模式转型。

（四）行业利润实现 23.2% 的大幅增长

2023 年，铜、铝、铅、锌等大宗商品价格小幅波动，而碳酸锂和多晶硅等新能源产品价格大幅下跌，全国规模以上企业实现营业收入 7.9 万亿元，同比增长 4.5%；工业增加值同比增长 7.4%；总利润达到 3716 亿元，同比增长 23.2%，占全国规模以上工业企业总利润的 4.8%。

根据国内外宏观经济环境及有色金属产业的运行特点，结合中国有色金属工业协会发布的"三位一体"景气指数报告，在没有"黑天鹅"事件的情况下，对 2024 年有色金属工业的主要指标进行如下预判：预计 2024 年有色金属工业增加值增幅将保持在 5.5% 以上，有望达到 6%；按新口径统计的十种常用有色金属产量增幅将维持在 5% 左右；预计在房地产领域的消费将继续放缓，但光伏、风电、动力及储能电池、新能源汽车及交通工具轻量化等领域仍将是有色金属消费的主要增长点；有色金属行业的固定资产投资增幅将维持在 10% 左右；铝材出口量有望继续保持稳定，铜精矿和铝土矿的进口将保持平稳增长；预计一季度有色金属价格将以当前价位震荡为主，下半年铜、铝金属价格可能会略有回升，而工业硅、碳酸锂等产品的价格有望在合理区间内波动。

二、联合资信评估

2023 年以来，追求安全避险成为全球经济发展新趋势，除金银贵金属外，海外基本金属 2023 年价格普遍呈下跌态势；但我国有色金属工业稳中向好态势日趋明显，规模以上有色金属工业企业实现利润总额由降转增，有色金属品种价格分化，主要常用有色金属价格波动小于新能源金属。具体如下：

（一）铜

新能源产业强劲需求对国际铜价形成一定支撑，但我国高度依赖进口资源的情况无法改善。

中国作为全球最大的精炼铜消费国，来自传统行业及新能源产业的需求对国际铜价形成一定支撑，但作为全球最大的精炼铜生产国，铜矿资源匮乏且禀赋不足，对海外进口矿产资源依赖度高的情况无法获得改善。铜价波动性极强，加工费自 2023 年三季度起经历暴跌，而铜价自 2024 年一季度末明显走高，因此需对铜精矿自给率低的冶炼企业及存在新建冶炼产能投产企业的盈利能力和运营状况保持关注。2023—2025 年，全球铜矿山项目处于集中投产阶段，但部分在建项目进度较缓、预期产量下降，部分在产矿山品位下降、砷含量提高，同时存在政治环境及国际大型铜矿停产等因素扰动供给。叠加新能源产业持续强劲需求及 LME 库存自 2023 年 10 月末持续回落，铜价或于 2024 年表现相对坚挺。铜价受金融属性和商品属性共同驱动，若美联储开启降息，同时中国需求保持强劲，且考虑 2025 年后全球铜矿及冶炼产能投放将过高峰，2024 年预计铜价或将上涨并维持高位震荡。

（二）铝

2023 年以来，铝价维持区间震荡态势，宏观层面对定价的冲击有所减弱，基本面驱动占据主导地位；中国光伏和新能源汽车等消费增长逐步抵消地产疲弱导致的需求减量，但全年出口量有所下降。

中国电解铝产量平稳增长，2023 年产量稳居世界第一位。需求方面，2023 年，国外需求有所减少；随着中国政策调整，国内地产和汽车行业用铝需求均增加。作为铝工业大国，中国铝土矿储量约 7 亿吨（约占全球铝土矿储量的 2%），资源禀赋不佳，导致了庞大的对外进口需求和较高的对外依存度。2023 年，中国进口铝土矿数量为 14138.27 万吨，同比增长 12.9%。中国原铝（电解铝）产量保持平稳增长态势，根据国家统计局数据，2023 年中国原铝（电解铝）产量为 4159.40 万吨，同比增长 3.7%，稳居世界电解铝产量第一位。2024 年，国内电解铝产能扩增受限，叠加印度尼西亚环保要求趋严，电解铝供应增量有限，预计 2024 年电解铝供需将维持紧平衡状态，铝价或将与 2023 年价格持平。

（三）铅

2023 年，铅加工费下滑的同时，下游铅酸蓄电池产品出口表现较好，推动中国铅酸蓄电池总体出货量大增。

2023 年，中国铅行业产量保持增长，价格在供需错配和套利资金驱动下冲高至近年来高位而后回落。国家统计局的数据显示，2023 年，中国的铅产量达到 756.4 万吨，比上一年增长 11.2%；价格方面，年度铅平均价为 15630 元/吨，同比小幅提升 2.3%。展望 2024 年，在 2023 年国内铅产品价格冲高回落之后，考虑供需端均未发生明显变化，预计中国铅产品价格将保持相对稳定。

（四）锌

2023 年以来，全球锌价处于相对低位，加工费呈下行态势。中国锌业发展受限于矿山贫化、安环成本投入及下游产业发展等因素，锌矿产出在一定周期内处于持续下行阶段；2023 年，中国锌精矿产量进一步下降，进口量进一步增长；同期，受益于加工费处于相对高位，精炼锌供应有所增加。

2023 年，中国锌精矿产量同比下降 5.35% 至 336.49 万吨（Mysteel 数据）。自 2016 年起，中国的锌矿产出持续处于下行周期。进口方面，2023 年，中国锌精矿累计进口量为 472.32 万吨，同比增长 14.23%；澳大利亚、秘鲁、土耳其、南非和哈萨克斯坦为主要进口来源国。冶炼方面，根据 Mysteel 数据，2023 年国内 53 家锌冶炼厂（涉及精炼锌产能 650 万吨/年，占全国可统计产能 90% 以上）精炼锌总产量为 574.99 万吨（含计划产量），同比小幅增加。受制于现阶段产品价格、成本高位及通胀压力，海外矿端供应存在较大的不确定性，2024 年全球精矿供应或呈偏紧态势；原料紧缺叠加加工费下行，精炼锌增量或相对受限，但伴随海外炼厂恢复生产，中国境内新增产能投产，冶炼端或出现产能过剩；降息周期下，海外消费边际改善，全球需求或得到修复，供需或趋于紧平衡状态，锌价受益于成本支撑，或呈现小幅上行，但整体上涨空间有限。

（五）黄金

影响黄金价格的因素错综复杂，2023 年以来，地缘政治风险推升黄金避险情绪，全球主要央行降息预期增强，叠加各国央行黄金配置热潮延续，以及金饰消费需求的强势增长，国际黄金价格明显上涨。2023 年，中国黄金需求表现强劲，国内外黄金市场投资需求走势相异；受进口原料金产量增长影响，中国黄金产量有所增加。

2023 年，中国的原料黄金产量达到 375.155 吨，同比小幅增长 0.85%。其中，来自黄金矿的产量为 297.258 吨，而有色金属的副产金为 77.897 吨。同时，中国的原料黄金进口总量为 144.134 吨，同比增长 14.59%。如果将这些进口的原料黄金计算在内，那么中国的黄金总产量为 519.289 吨，同比增长 4.31%。在消费方面，全国黄金消费量为 1089.69 吨，较 2022 年同期增长 8.78%。其中，黄金首饰的消费量为 706.48 吨，增幅为 7.97%；金条和金币的消费量为 299.60 吨，增长 15.70%；而工业及其他用途的黄金消费量为 83.61 吨，同比下降 5.50%。2023 年，中国人民银行累计增持黄金 224.88 吨，自 2022 年 11 月起已连续十四个月增持黄金，截至 2023 年年底，中国黄金储备达 2235.41 吨。2022—2023 年，全球央行购金量创历史纪录，金价在强美元周期中仍保持高位，黄金作为央行增量储备的主要配置方向之一，为金价提供有力支撑。2024 年，美联储货币政策大概率转向宽松，若其经济数据持续强劲，或许对金价上涨空间存在一定限制。

（六）镍

中国红土镍矿资源较为匮乏，长期以来依赖于海外进口。2023 年，全球镍产业转向全面供应过剩，精炼镍供大于求，镍价自高位理性回落，整体呈下行态势。进入 2024 年，镍价有所回升，但整体仍存下行风险。

中国为全球不锈钢生产大国，红土镍矿冶炼的高镍铁系不锈钢主要原料之一，国内镍矿资源较为匮乏且多为硫化矿，每年需进口大量镍砂矿及精矿以满足国内需求。2022 年，受印度尼西亚镍铁回流影响，中国镍铁开工率有所下降，使得进口镍矿砂及精矿同比减少。2023 年，国家推进经济复苏，下游钢厂排产与日俱增，产品需求传导至原料端，进口镍需求呈现稳步增长，当期进口镍矿有所回升，进口总量（中国海关总署数据）为 4481.9 万吨（自菲律宾进口量占 86.38%），同比增加 457.82 万吨；镍铁进口总量约 844.98 万吨，同比增加 255.36 万吨，其中，自印度尼西亚进口镍铁总量约 791.51 万吨（增幅为 46.84%）。2024 年初，因印度尼西亚矿山开采进度放缓，镍矿价格坚挺，叠加镍生铁产品供应边际收紧，LME 镍价小幅回升。未来，全球镍产能加速投产，但面对全球经济恢复缓慢且终端消费较为低迷的局面，2024 年镍或仍将处于供需失衡状态，镍价仍存在下跌风险。

（七）钴

中国钴市场需求很大，主要依赖进口来满足需求，动力电池增量需求显著；但 2022 年下半年以来，受经济周期、供需情况的影响，钴盐价格呈快速下降趋势。

中国钴资源匮乏，钴矿品位较低，钴矿产量在全球范围内占比小，但中国是全球最大的精炼钴生产国，2023 年精炼钴全球产量占比 75%。作为钴消费大国，中国国内钴产量无法满足境内需求，主要依靠从刚果（金）进口。中国海关总署数据显示，2022 年和 2023 年 1–10 月，中国钴矿砂及其精矿进口量分别为 2.63 万吨和 1.69 万吨，2023 年 1–10 月进口量较 2022 年同期下降 23.26%，主要系下半年以来中国钴矿下游消费电池需求表现持续偏弱，钴矿库存积累导致进口量下降所致。展望 2024 年，钴行业仍处于供应过剩的状态，价格下滑的趋势未有明显改观，随着全球电动汽车行业的发展趋缓，中国主要钴产品价格仍将低位运行，并可能受到新产能释放的持续冲击。

（八）锂

锂金属现已迈入全球重要工业金属之列，全球锂资源丰富，但中国锂资源仍以进口为主。2023 年以来，锂产业呈现供应过剩状态，电池级碳酸锂价格整体进入下行通道；待供给出清后，锂价格有望反弹，但预计价格上涨幅度仍相对有限。

碳酸锂方面，根据公开数据，2023 年，中国碳酸锂产量约 46 万吨，同比增长 31%；行业产量排名前十家企业的碳酸锂产量约占市场总量的 53%，受市场新建锂盐产能快速投放影响，行业集中度同比有所降低。中国现已成为全球氢氧化锂的最大生产国和出口国，2023 年，中国氢氧化锂总产量达 28.3 万吨，同比上涨 15%，涨幅弱于 2021 年的 59% 和 2022 年的 38%，中国氢氧化锂生产增速放缓。2023 年，中国氢氧化锂净出口量为 12.62 万吨，同比增速约 29%；作为高镍三元锂电池正极的关键制备材料，中国氢氧化锂多出口至日韩市场。展望 2024 年，伴随锂矿产能陆续释放，锂产业或将继续呈现供应过剩状态，行业将迈入"洗牌"阶段。受价格下跌影响，部分供给将陷入亏损；本轮产能出清中，行业内企业项目成本控制、供应链管理等能力尤为关键。

第四节　建材行业

一、中国建材工业经济研究会

2023 年，由于市场需求持续疲软，行业整体运行呈现下滑趋势。然而，到了第四季度，主要经济运行指标的降幅有所减缓，有明显企稳回升的迹象。2023 年 1—12 月，规模以上建材工业增加值同比下降 0.5%，规模以上建材企业营业收入同比下降 7.9%，利润总额同比下降 21.0%，建材工业出厂价格比上年同期下降 6.8%。2023 年 1—12 月，建材工业的固定资产投资同比增长 0.6%。从构成来看，建筑安装工程的固定资产投资同比增长 2.1%。根据产业分析，支撑建材行业稳定发展的基础设施投资同比增长 5.9%。

2023 年 1—12 月，建材及非金属矿产品的出口总额为 439.6 亿美元，同比减少 11.0%，但实际出口量增长 4.2%。与此同时，建材及非金属矿产品的进口额为 345.9 亿美元，同比下降 1.2%，实际进口量却下降 10.5% 左右。

2023 年在大部分建材产品量价双降的情况下，绿色建材等新型建材产业保持较好的发展势头，行业运行情况出现分化。全年隔热保温材料、轻质建材、建筑玻璃、纤维增强塑料、技术玻璃、卫生陶瓷、建筑陶瓷和非金属矿采选业 8 个子行业的营业收入、利润总额同比均保持增长，建筑玻璃、石棉和云母矿采选业利润总额同比增长显著。从进出口角度看，大部分建材产品出口均出现"量增价跌"的情况，而技术玻璃、萤石等商品出口呈现"量价齐增"的情况。

（一）水泥

2023 年水泥行业面临前所未有的挑战，房地产行业依然在深度调整中，导致水泥需求受到影响，全年水泥需求总量继续呈现下降趋势。2023 年水泥产量 20.23 亿吨，同比下降 0.7%。2023 年，国内水泥需求大幅萎缩，水泥和熟料价格持续低位下行，水泥出口持续回升，1—11 月水泥出口总量为 328.19 万吨，同比增长约 1.02 倍，熟料出口 21.53 万吨，同比增长约 1.9 倍。扭转前两年持续下降的局面。

（二）平板玻璃

2023 年平板玻璃下降趋势平缓，部分产品在后半年有恢复趋势。2023

年其产量 9.69 亿重量箱，较上一年累计下降 3.9%。截至 2023 年 12 月末，全国浮法玻璃生产线共计 308 条，在产 254 条。浮法玻璃行业开工率为 83.01%，产能利用率为 84.8%。

（三）建筑卫生陶瓷

2023 年，全国陶瓷砖的产量持续下滑，达到 67.3 亿平方米，比 2022 年减少 8.0%。规模以上的建筑陶瓷企业数量为 1022 家，较 2022 年减少 4 家。在全国主要产区中，除了江西、河北、辽宁和湖北等省份，其他地区的开窑率均低于上年。广东的开窑数量也不及上年，常年开窑率平均维持在 50% 左右，产量下降近 10%。2023 年全国卫生陶瓷产量为 1.86 亿件，较 2022 年小幅下跌 1.59%；全国卫生陶瓷工业规模以上企业单位数为 373 家，减少 2 家；全国卫生陶瓷出口量为 9592 万件，较 2022 年下降 10.07%，出口目的地需求不足、产能向外转移是主因之一。

（四）混凝土与水泥制品

中国混凝土与水泥制品协会对国家统计局数据分析显示，2023 年 1—12 月，商品混凝土累计产量同比下降 5.5%，混凝土电杆累计产量同比下降 11.0%，混凝土预制桩累计产量同比增长 1.7%。2023 年 1—12 月，混凝土与水泥制品行业主要经济指标继续下降。规模以上混凝土与水泥制品工业主营业务收入比上年同期降低 11.2%，较上月扩大 0.4 个百分点；利润总额比上年同期下降 9.29%，较上月下降 2.5 个百分点。

（五）石材

2023 年，规模以上企业板材产量 8.2 亿平方米，同比下降 8.6%。其中，大理石板材产量 2.6 亿万平方米，同比下降 18.4%；花岗石材板材产量 5.6 亿平方米，同比下降 3.2%。2023 年，我国石材进口 1067 万吨，同比下降 3.0%，进口货值约 21.9 亿美元，同比下降 9.5%；石材（不含碎石及石粉）出口 783 万吨，同比增长 6.0%，出口货值 63.9 亿美元，同比下降 14.5%。其中，深加工及制品占出口总量的 84.3%，占出口货值的 98.7%。

（六）砂石骨料

2023 年砂石产量、价格持续下滑。根据中国砂石协会数据，2023 年，全国砂石产量 168.35 亿吨，较上年下降 3.35%。价格整体呈下降趋势，跌至近四年来最低水平。2023 年 12 月，全国砂石综合均价为 105 元/吨，较 2023 年 1 月下降 2.7%。

（七）玻璃纤维及制品

根据中国玻璃纤维工业协会的数据，2023 年我国玻璃纤维纱的总产量达到 723 万吨，同比增长 5.2%。然而，规模以上玻璃纤维及其制品制造企业的主营业务收入同比下降 9.6%，利润总额同比减少 51.4%，降至 97 亿元。其中，各类高性能和特种玻璃纤维纱（不包括高量和超细纱）的总产量为 9.8 万吨，同比增长 11.3%。2023 年，我国玻璃纤维增强复合材料制品的总产量为 672 万吨，同比增长 4.8%。在出口方面，2023 年我国玻璃纤维及其制品（不包括玻璃棉及其制品）的总出口量为 179.7 万吨，同比增长 3.5%；出口金额为 26.6 亿美元，同比下降 11.5%。在进口方面，2023 年我国玻璃纤维及其制品的进口总量为 11.7 万吨（不包括玻璃棉及其制品），同比下降 1.5%；进口金额为 7.6 亿美元，同比减少 7.2%。

2024 年，随着稳增长预期的增强和积极宏观调控措施的有效传导，建筑材料的投资需求有望逐步回暖，工业消费市场也将保持小幅增长。对外贸易预计将持续增长，同时，产业转型与绿色发展的推进将进一步激发行业的内生动力，从而提升建筑材料行业的经济运行质量。建材工业发展总体方向仍然是经济效益好、科技含量高、环境污染少、资源消耗低，优势得以充分发挥，从而实现可持续发展。

（1）积极的宏观调控效果逐步转化为实际需求，有效地稳定了市场的基本面。下游需求的迭代升级推动了建筑材料产品的消费，从而促进了这些产品的生产。

（2）国内经济回稳，市场需求持续释放。2024 年，万亿规模的国债增发等措施的实施将为重点项目建设及重要区域和城市基础设施的更新改造提供强有力的支持。这将改善市场投资环境，进而对建筑材料产生有效的需求。

（3）对外贸易持续增长。"一带一路"倡议下的合作国家、RCEP 协议签署国及东南亚等地区，仍然是我国建材行业主要的贸易伙伴和经济发展区域，继续推动我国建材的对外贸易。

（4）保障房加速建设和绿色建材、家具家装下乡等相关政策的延续进一步拉动建材消费总量。

二、中国建筑材料联合会

二十大报告中明确提出要"建设现代化产业体系"，2023 年 5 月又进一步强调，要"推进产业智能化、绿色化、融合化，建设具有完整性、先进性、安全性的现代化产业体系"。中国建筑材料联合会面向全行业提出，更加合理的产业结构是构建现代化建材产业体系的主要特征。以加快建材行业向先进制造业转型为目标，推动传统建材产业的发展，重点关注绿色化、高端化和智能化，培育新的发展动力，打造竞争优势。通过促进先进企业的持续创新，提升市场竞争力，同时引导落后企业主动淘汰过时的工艺和设备，实现转型发展的良性生态。聚焦新市场、新业态和新需求，支持高性能复合材料、建材节能环保、高端装备制造，以及战略性新材料等新兴产业的发展，进一步拓展和完善建材的服务应用领域。

（一）行业加快绿色低碳转型

当前，建材行业绿色化发展不仅成为行业共识，也被认为是建材行业转型升级的必由之路。随着"双碳"国家战略的不断推进，以及绿色建材产品标准、认证、标识、采信的不断完善，建材行业的绿色低碳转型将全面提速，表现为：从环保约束、政策支持的外部条件，转变为企业降低成本、减少资源依赖、转换发展动能的内生动力；从侧重于生产制造过程的减碳降碳、环保节能，扩展到低碳材料与技术的研发、产品的绿色设计等全体系、全生命周期的绿色化。

（二）加深产业链上下游协同发展

当前面对转型期，行业内部分化加大，行业集中度将逐步提高。在困境中崛起的优势企业，为了稳定上游供应、降低经营风险，势必将更加自主地加快产业链布局，向产业链上下游延伸，加强产业链协作、共同发展。同时，在绿色建材推广应用方面，随着政府采购支持绿色建材、新建建筑绿色建材应用比例规定等政策的不断推进，将极大地促进绿色建材与绿色建筑协同发展，在构建建材绿色产业链上形成合力。

（三）建材企业提升碳资产管理能力迫在眉睫

随着水泥等建材被纳入全国碳交易市场时间的迫近，碳资产管理对于建材行业企业愈发重要。管理好碳资产，不仅有助于降低碳排放，还能为企业带来经济效益，帮助企业可持续发展。一是要认识到碳资产管理工作的重要性，如果碳管理水平落后，将可能导致企业不科学地购买碳排放权，直接造成企业经济损失；二是建材行业目前亟须具有针对性的碳资产管理工具。

第五节　稀土行业

一、包头稀土产品交易所

2023 年是新冠疫情开放的第一年，复苏成为关键词。目前全球政治经济环境复杂多变，各国经济前行艰难，全球经济恢复仍需付出更多努力。新能源、电子产业的高速发展带动稀土需求的快速增长，各国加大稀土矿找矿力度，新矿物、矿型不断被发现，新建开发多个稀土矿，全球稀土开发加速。

在经济恢复缓慢的背景下，2023 年稀土下游需求不振，同时原料进口大增，产量继续增长，稀土市场进入回落阶段，总体呈现先跌后稳的价格走势。2024 年稀土价格或将延续弱势调整，探寻价格底部，消化上涨带来的潜在影响。同时，中国稀土产业专业化整合初步完成，稀土产业前景依旧向好。在建设"全国统一大市场""双循环"战略、大规模"以旧换新"等政策的推动下，提升产业科研水平，推进新工艺、新产品、新材料的研发和产业化，推动稀土的高质、高值利用是 2024 年稀土产业发展的主要内容。

（一）全球稀土加速开发

近年来，新能源、电子产业的高速发展带动稀土需求快速增长，各国加大稀土矿找矿力度，新矿物、矿型不断被发现，新建开发多个稀土矿，全球稀土资源格局加速变化。美国地质调查局发布的《矿物概要 2024 报告》，对全球稀土资源进行了重新评估。该报告显示，全球稀土估算储量为 1.1 亿吨，较 2022 年减少 0.2 亿吨，中国稀土储量最高，约为 4400 万吨，占全球稀土储量的 40.0%，越南、巴西紧随其后。

2023 年全球稀土估算产量为 35 万吨，相较 2022 年增加 5 万吨，增幅 16.7%。其中，中国稀土产量最高，占全球总产量的 68.6%。美国、缅甸、澳大利亚产量也较为突出，分别占总产量的 12.3%、10.9%、5.1%。2023 年缅甸稀土产量是 2022 年的 3.2 倍，增速尤为明显。此外，越南也将大力发展稀土产业，尽管越南稀土储量位列第二，但此前稀土产量很少，未来越南可能成为稀土原料的新供应基地。

（二）我国初步完成稀土资源整合

自 2003 年以来，我国的稀土产业经历了三次正式整合。随着经济发展进入新常态，过去的稀土产业格局已无法满足新时代的要求，因此推进稀土产业的战略重组和专业化整合成为实现高质量发展的必然选择。这一整合将有助于落实供给侧结构性改革、推动创新驱动发展，以及建设制造强国等国家战略，促进稀土产业的绿色转型，提升稀土产品的研发和应用能力，解决产业链结构失衡的问题。通过优化资源配置，切实增强企业的竞争力，提升我国稀土产业在全球市场的竞争力。

2023 年，中国北方稀土集团和中国稀土集团加速专业化整合，我国稀土资源整合初步完成，形成"一南一北"稀土产业格局，即以北方轻稀土生产为主的中国北方稀土集团和以南方重稀土生产为主的中国稀土集团。此外，盛和资源公司积极开发海外稀土资源，目前已获得美国芒廷帕斯稀土矿产品包销权，并且参股了多个海外稀土公司，是我国稀土产业的重要补充。

（三）稀土生产分类管控有序开放

我国对稀土生产实施总量控制管理。2023 年，稀土开采和冶炼分离的总量控制指标分别设定为 255,000 吨和 243,850 吨，较 2022 年分别增长 21.4%和 20.7%。其中，轻稀土的开采总量指标为 235,850 吨，较上年增长 23.6%；中重稀土的开采总量指标则保持不变，为 19,150 吨。近年来，我国在稀土总量控制方面采取了"分类管控、有序放开"的管理策略，整体指标每年保持约 20%的增长速度。其中，对离子型稀土矿产品较为严格，近年指标保持不变。随着下游产业的不断发展，未来稀土生产控制指标增长可能逐渐放缓。

目前，2024 年第一批稀土开采和冶炼分离的总量控制指标已正式公布。2024 年第一批开采和冶炼分离总量控制指标分别为 135,000 吨和 127,000 吨，较 2023 年第一批分别增长 12.5%和 10.4%。其中，轻稀土的开采总量指标为 124,860 吨，比 2023 年第一批增长 14.5%；中重稀土的开采总量指标则为 10,140 吨，较 2023 年第一批下降 7.3%。这一管理思路与 2023 年保持一致，预计 2024 年仍将保持 15%～20%的增长速度。

二、东莞证券

2024 年初，东莞证券发布了题为《2024 年稀土行业供需格局展望：供给侧改革持续进行，需求端提振亟待发力》的文章，对 2023 年稀土行业的总结和 2024 年的展望进行了梳理。文中主要提到以下内容：

（一）2023 年稀土市场行情持续偏弱

回顾 2023 年，稀土行业供需格局发生较大转变。供给端：稀土开采冶炼指标超预期增长，同时来自缅甸、美国的稀土进口量大幅增加，整体稀土产品市场供过于求。需求端：动力电池厂商此前备货充足，库存流转进程较慢，且新增需求量低于预期，叠加弃用稀土电动机传闻的影响，稀土行业整体需求拉动较弱，致使稀土产品价格持续下挫，全年稀土市场行情维持偏弱态势。

（二）供给端：指标增速放缓，供给侧改革持续进行

我国稀土指标按照"按需供给"的原则进行分配，国家严格把控稀土供给端，并持续深化供给侧改革，加速稀土资源整合，以促进产品价格相对稳定，保障供应链安全畅通。2024 年第一批稀土指标同比继续增长，但指标增速较往年有所放缓，且中重稀土开采指标份额近年来首度减少。展望 2024年，在"按需供给，有序分配"的背景下，国家会根据下游需求合理地对稀土集团分配开采冶炼指标，结合中国稀土企业实际开采及冶炼情况，预计未来整体稀土指标难有较大提升，2024 年稀土行业供过于求的态势有望得到缓解。

（三）持续关注终端需求恢复情况

2024 年 1 月，工业和信息化部提出，要增强高端产品供给能力，促进稀土在航空航天、电子信息、新能源等领域的高端应用。随着稀土的新能源属性持续强化，其产业链终端需求改善值得期待。具体来看，新能源汽车市场延续景气，稀土电动机依旧是新能源车驱动系统的最优解，作为稀土下游最大的需求领域，国内新能源汽车产销两旺为稀土需求托底。2023 年以来，机器人概念爆火，稀土永磁作为机器人中电动机的重要材料出现联动上涨，随

着国内外机器人厂商加速技术更迭，国内政策持续助推，人形及工业机器人的前景乐观，期待后续人形机器人的产业化进程提速。此外，在"双碳"政策驱动下，风电得到快速发展，作为直驱及半直驱风力发电机的关键材料部件，风电用稀土有望持续增长。其他领域如节能电梯、消费电子行业或维持弱复苏态势，其钕铁硼磁材需求或将小幅增长。

第三十章

2024 年中国原材料工业发展形势展望

第一节　原材料工业总体形势展望

预计 2024 年，全球经济增长依然乏力，国内经济回升向好，我国原材料工业增加值小幅增长，不同行业生产、投资出现分化，进出口贸易下行压力增大，主要原材料产品价格震荡调整，行业经济效益有望持续改善。

一、工业增加值稳步增长，主要产品产量有增有减

预计 2024 年，我国原材料工业增加值稳步增长，主要产品产量有增有减，化工、有色金属产量保持增加态势，钢铁、建材产量会有所减少。

一是全球经济增速放缓，增长依然乏力，原材料产品国外需求受到削弱。国际货币基金组织（IMF）、经济合作与发展组织（OECD）预计 2024 年发达经济体经济增速略低于 2023 年水平，新兴市场和发展中经济体经济增速与 2023 年持平。受此影响，我国原材料产品国外需求增长空间有限。

二是我国经济回升向好，原材料产品国内需求相对稳定。多家国际机构上调了 2024 年我国经济增长预期，我国经济将逐步转好，保持持续增长态势，这将带动我国原材料工业稳定发展。

三是主要下游行业表现不一，原材料产品需求强弱出现分化。2023 年以来，我国房地产开发投资持续减少，降幅逐步扩大，1—12 月同比下降至 9.6%，预计 2024 年我国房地产行业负增长的局面难有改观，对钢铁、建材等原材料产品需求形成较大冲击。2023 年 1—12 月，我国汽车产销量同比分别增长11.6%和12%，预计 2024 年我国汽车行业将延续增长态势，对原材料产品需求有望继续增加。2024 年国内房地产市场下行压力不减，家电等消费增长乏

力，原油、煤炭等原燃料价格高位运行，原材料企业扩产动力不足，盈利空间被进一步挤压，稳增长依然是重中之重。

二、总体投资规模扩大，部分行业投资规模有所萎缩

预计 2024 年，我国原材料工业总体投资规模扩大，部分行业投资规模有所萎缩。

一是国家发展改革委多措并举促进投资，加快重大项目投资审批进程，2023 年 1—11 月共审批核准固定资产投资项目 144 个，总投资 1.28 万亿元，主要集中在高技术、能源、水利等行业，这些投资项目最终会形成实物工作量，带动石化化工、有色金属等行业投资增长。此外，国家发展改革委出台了关于促进民间投资的文件，支持民间资本参与交通、水利、清洁能源、新型基础设施等领域的重大项目，这也将刺激原材料企业扩大投资。

二是工业和信息化部等多部门相继发布石化化工、钢铁、有色金属、建材行业稳增长工作方案，提出加快重大项目建设的举措，如推动 5 个以上在建重大石化项目 2024 年年底前建成投产，推进开工一批"降油增化"项目，支持重点地区加快推进石墨、萤石、菱镁、凹凸棒等非金属矿高效利用项目建设等，这些项目将直接形成有效投资，增加原材料工业的投资规模。

三是传统钢铁、有色金属、建材等大宗原材料产品需求增长速度放缓，基础型同质化产品需求逐步接近峰值，未来需求量将保持平稳或小幅减少，这在一定程度上削弱了原材料企业的投资积极性，部分行业投资规模将缩小。

三、进出口贸易总体形势不容乐观

预计 2024 年，我国原材料产品进出口贸易总体形势不容乐观。

出口方面，全球经济复苏进程缓慢且不均衡，贸易保护主义及地缘政治博弈持续加剧，钢铁、有色金属等传统原材料产品出口面临较大挑战，钢铁产品受外需减弱、海外供给不断恢复等影响，出口增速将逐步回落；铜、铝等有色金属产品出口受贸易摩擦不断影响，难有较大增长。

进口方面，我国经济稳步恢复，工业生产稳中有升，新能源汽车、太阳能电池、移动通信基站设备等产品产量增速较快，钢铁、铜、铝等高端产品进口需求有一定增长空间，但传统产品进口规模将进一步缩小。

四、产品价格走势进一步分化，不同品种表现不同

预计 2024 年，我国原材料产品价格走势进一步分化，不同品种表现不同。钢材价格在下游房地产行业不景气、我国钢铁行业供强需弱的影响下，将延续窄幅震荡态势。建材产品价格在房地产低迷、基建项目陆续推进、光伏行业阶段性结构性过剩风险增大等多重因素交叉影响下，有望触底回升，但上涨空间有限。化工产品价格在国际原油价格高位支撑和主要下游需求逐步恢复的带动下，预计总体小幅上涨，部分品种价格在供大于求的压力下有可能下跌。有色金属产品价格出现明显分化，铜、铝价格受益于汽车轻量化、光伏、储能等新兴需求拉动，有望呈小幅上涨态势；锌、镍价格在全球需求复苏缓慢和供应量增大的影响下，存在进一步下跌风险。

五、行业盈利能力将有所增强，经济效益有望改善

预计 2024 年，我国原材料工业盈利能力将有所增强，经济效益有望改善。随着国家和地方层面一系列稳增长政策和措施相继落地，基建、新能源等下游行业将增加对原材料产品的需求，但受房地产行业不景气影响，原材料产品需求增加空间有限，原材料产品市场依旧处于供需弱平衡状态。原材料产品价格震荡调整，原材料企业收入有望增长，原油、煤炭等能源价格高位震荡，成本上涨压力较大，原材料企业通过深挖内潜降本增效，利润有望实现正增长。

第二节　分行业发展形势展望

一、石化化工行业

石化化工行业作为国民经济的重要支柱行业，也是资源型、能源型和基础性重要配套产业。2024 年，随着国内经济的稳步恢复，房地产下行压力将有所减缓，稳增长政策全面发力，重大工程项目将加快落地，国内化工产品需求或将稳步恢复。从原料端来看，原油市场仍将高位运行。长期来看，国际油价主要受美国、中东、俄罗斯三大区域供需格局变化影响。美国页岩油气产量可能即将达峰，叠加补库周期来临也有望托底油价；中东地区 OPEC+ 国家 2023 年以来主动减产，多数国家剩余产能受限；俄罗斯原油折扣降低对国际油价的支撑逐步增强，同时俄罗斯石油销售和财政收入修复，增产动

力减弱。因此，未来全球原油供给仍受限，而伴随中国经济持续修复，2024年全球原油或仍将处于去库状态，原油供需紧张形势未改，油价或仍处于中高位运行周期。从需求端来看，国内需求将缓慢修复，去库存化有望逐渐结束，开启补库周期。据中金地产组，2024年房地产销售面积或同比有小幅正增长；物理竣工同比或有所下滑。整体来看，2024年化工品需求环比增速有望改善。2023年10月，化学原料、化学纤维、橡胶塑料产成品库存分别同比变动-1.4%、-1.5%、-0.4%。2023年至今石化化工行业整体去库存化明显，后续有望逐渐进入补库周期。

二、钢铁行业

当前，我国钢铁行业进入深度调整期，市场环境短期内难以出现重大缓解和改善，2024年钢铁行业运行仍面临一定压力。

从需求端看，国内钢铁需求已达到峰值，后续将缓慢下降。具体从下游消费领域看，用钢需求存在分化情况。建筑用钢需求呈现下降趋势，目前全国房地产市场持续低迷，新开工面积及在施工面积均持续下降，导致建筑用钢需求下降。钢铁工业协会预计，2024年建筑行业钢材需求量约为4.7亿吨，同比下降约2%。

下游装备领域对高质量钢材需求稳步增长。一是我国新能源汽车正处于快速发展阶段，质量优越，性价比高，针对不同细分人群需求的多样化产品持续推出，有力拉动汽车用钢需求，同时，国家推出《推动大规模设备更新和消费品以旧换新行动方案》，鼓励汽车以旧换新为行业发展增添助力。二是船舶用钢需求增加，预计2024年我国船舶行业造船完工量和手持订单量将同比增长，新承接订单量基本持平或小幅增长。

集装箱用钢需求量有望增加。2024年，随着全球经济逐渐复苏，贸易活动逐步恢复，对集装箱需求有望增加。此外，国内正在加速构建内循环市场体系，也将有力支撑集装箱产量提升。钢铁工业协会预计，2024年集装箱总需求量将达到450万吨，同比增长2%。

此外，铁道用钢预计将小幅下降，风、光、电等新能源并网及其他电力行业投资将推动电工钢需求增长。总体来看，2024年我国钢铁行业需求总量预计将略微下降，但受下游行业发展影响，新能源汽车用钢、高端装备用钢等高品质钢材需求量仍在提升。

三、有色金属行业

从整体看，2023 年系列稳增长政策、2024 年设备更新改造和消费升级政策效果将持续显效，有色金属行业整体稳中有进，有色金属工业增加值保持中低速增长。

从供应看，有色金属仍是支撑经济和社会发展的基础材料，《2024 年政府工作报告》提出"国内生产总值增长 5%左右"的预期目标，预计十种常用有色金属产量增幅将保持在 5%左右。

从需求看，受房地产和基础设施建设放缓影响，2024 年有色金属在房地产领域的消费继续呈放缓态势，但在新型工业化、新质生产力加快发展的背景下，光伏、风电、动力及储能电池、新能源汽车及交通工具轻量化仍将保持较快增长，仍是有色金属消费的主要增长点。

从进出口看，我国有色金属原料依赖进口的局面短期内难以改变，2024 年，铜精矿、铝土矿进口将保持平稳增长；受美国对我国加征新关税的影响，铝材出口可能受到冲击。

四、建材行业

2024 年，在稳增长预期和积极的宏观调控传导效应下，建材需求有望企稳回升，建材行业经济运行质量有望进一步提高，行业景气度将明显改善。中国建筑材料联合会预测，2024 年，建筑材料工业景气指数预计为 103.0 点，比 2023 年回升 9.5 点，回升至景气区间，建材行业运行环境较 2023 年将有明显改观，行业运行形势企稳。预计 2024 年，建材行业工业增加值增速约为 5%。

从生产角度看，2024 年水泥产量将达到 19.8 亿吨左右，同比下降约 2%，降幅有所收窄，产能利用率进一步降低。初步估计，2024 年平板玻璃产量将达到 10.5 亿重量箱左右，同比增长约 8%。

从消费角度看，2024 年水泥需求预计小幅下降，房地产对水泥需求的拉动作用依旧存在，但相比前两年会大幅减弱。预计 2024 年水泥需求同比略有下降，降幅为 2%~3%。

从进出口角度看，预计 2024 年进口增速或将延续复苏态势，2024 年建材进口额将达到 142.2 亿美元左右，同比下降 14.6%；出口增速或将企稳，出口额有望达到 686.3 亿美元左右，同比增长约 12.3%。

总体看来，预计 2024 年建材行业整体以稳增长为发展主基调，运行整体平稳。但随着碳达峰、碳中和工作的加快推进，水泥、平板玻璃、建筑陶瓷等被列入建材行业高耗能重点领域行业，对照建材重点领域标杆水平和基准水平划定及《冶金、建材重点行业严格能效约束推动节能降碳行动方案（2021—2025 年）》，或将推动低效产能加快退出，产业结构将进一步优化，低效产能相对集中的地区，产能总量或将减少，双碳及环保政策的实施将推动建材行业整体转向绿色、低碳发展方式。

五、稀土行业

展望未来，"万物电驱"时代已至，新能源车及节能领域保持高速发展，带动高性能钕铁硼需求加速增长。一是随着新能源及节能领域高速发展，以及高性能磁材的难以替代性，预计 2027 年高性能磁材的占比将提升至 68%。二是 2023 年全球高性能钕铁硼在新能源汽车中的永磁电机、传统汽车中的 EPS 和微电机等领域需求占比为 52%，预计 2027 年，新能源汽车将成为高性能磁材最大消费比例下游，占比达 44%，同时，工业电机需求占比将达 19%。

展望 2024—2027 年，全球氧化镨钕供应从过剩逐步走向紧缺，稀土价格有望温和上涨。中金有色研究测算，2024—2027 年全球氧化镨钕供需缺口分别为 621 吨、-2782 吨、-2503 吨、-5229 吨，占需求比例分别为 0.57%、-2.2%、-1.75%、-3.27%，全球氧化镨钕供应有望从过剩逐步走向紧缺。在稀土供应格局优化背景下，稀土价格有望改变过去快速上涨/下跌的局面，实现温和上涨。

总体而言，除新能源汽车外，随着国内市场加速恢复、消费者完成新的储蓄积累后，3C 消费等将实现新增长。此外，国内以旧换新政策有望进一步抬升需求。2024 年 3 月 7 日，国务院正式发布《推动大规模设备更新和消费品以旧换新行动方案》。2024 年 4 月 12 日，商务部等 14 部门联合印发《推动消费品以旧换新行动方案》的通知，对汽车、家电以旧换新工作做出细致安排，该方案的逐步落地及实施有望进一步抬升稀土永磁下游需求。稀土储氢材料在储能和储氢的新赛道上有望获得新的增长机会，成为镧、铈消费的潜在增长点。

附　　录

我国新材料产业政策体系研究

一、全球新材料产业发展现状与趋势

（一）产业发展现状

1. 规模不断扩大，地区差异明显

全球新材料市场需求一直保持增长态势，总体规模不断壮大。全球新材料市场规模从 2010 年的 0.4 万亿美元增长到 2022 年的 7.2 万亿美元，年均复合增长率为 25% 左右。美、日、欧等发达国家新材料产业处于领先地位，在经济实力、核心技术、研发能力等方面占据绝对优势。韩国、俄罗斯紧随其后。我国新材料市场正处在一个快速发展的时期。

2. 新材料不断更新迭代推动了新兴产业发展

技术的创新带来对关键基础材料要求的提升，从而推动了新材料的开发与应用，也推动了其应用产业的发展。例如，硅材料的发展大幅提高了微电子芯片集成度和信息处理速度，降低了成本；石墨烯制备技术及应用技术的突破，推动了相关制造业的变革。

3. 功能材料、智能材料成为发展主流

新材料关键核心技术的提升推动新材料产品的高性能化、结构/功能一体化、智能化，提高了产品的附加值和市场综合竞争力。这些产品随着信息技术、3D 打印技术、生物技术等的快速发展，将会对制造业、服务业及人们的生活方式产生重要影响。

4. 产业呈现集群化、多元化发展

在全球化的背景下，新材料产业链日趋完善，产业整合逐步深入，多学科、多部门联合进一步加强，形成集群化、多元化发展。特别是在前沿材料

方面，如纳米、生物、智能，以及目前较热门的石墨烯，国际重大合作发展迅速。目前，美、日、欧等发达国家龙头企业，如杜邦、拜耳、GE塑料等，在国际新材料产业中占据领先地位。

5. 绿色、低碳发展备受关注

面对日益严峻的资源环境和人类健康问题，各国高度重视新材料产业与资源、环境和能源的协调发展，推进与可持续发展密切相关的新材料开发及应用。如多晶硅、光伏材料等发展带动了风机制造、光伏组件等制造业的发展，促进了智能电网、电动汽车等输送与终端产品的开发和生产。

（二）产业发展特征

1. 各国高度重视关键材料研发与应用

加强基础研究，支持高起点、高水准的基础理论研究，是各国发展新材料的共同特点。各国根据自己的资源禀赋及发展优势，制定有针对性的新材料发展计划，从软件和硬件两个方面保证了新材料研发和应用的高效运作。例如，美国的《关键材料战略》《美国材料基因组计划》《先进制造业国家战略计划》，以及日本的《新增长战略》和《信息技术发展计划》。

2. 政府支持并分担部分风险

在新材料研究、发展及产业化方面具有较强优势的国家中，政府往往通过采购合同等方式，在经济、军事及空间海洋、战略新兴产业等领域予以支持，承担部分风险。例如，近几年来，美国重点支持国家航天局（NASA）、空军实验室、海洋局等在航空航天复合材料、高性能高温合金、高温结构陶瓷、特种高分子材料等领域的研发，研究经费每年约数亿美元。

3. 成果转化和产业化速度加快

世界各国纷纷将加速新材料研究成果转化和产业化列为扶植新材料产业发展的重点政策之一。美国技术转让条例规定，国家实验室可用其研究经费与工业界合作进行新材料研发。加拿大的工业研究援助计划承诺负担国家实验室开发的新材料技术转让给工业界所需的部分费用。此外，很多国家积极建立新材料知识库、数据库和系统网络，完善创新环境方面的基础设施，以促进新材料研发成果转化。

4. 跨国公司形成技术和市场垄断

美、日、欧等发达国家长期以来形成一些大型跨国公司，对新材料产业发展起着重要推动作用。这些企业通过建立战略联盟、加大研发投入、提升

产业技术及制定市场标准并控制知识产权等方式，在全球新材料发展中形成垄断地位。例如，日本三菱、美国赫氏、德国西格里 3 家企业占据了全球大丝束碳纤维市场份额的 98% 左右；美国尤尼明几乎垄断全球 4N8 及以上高端石英砂产品。

二、主要国家新材料产业政策及作用研究

美、欧、日等发达国家根据技术成熟度和产业发展不同阶段的需求，已建立了以战略、法案、计划为引领，以项目、资金、知识产权和标准、人才、贸易、监管等措施为配套的较为完善的新材料产业政策体系。美国在"未来重大工程挑战""先进制造伙伴关系计划（AMP）""国家制造业创新网络战略规划"等中将新材料作为重点发展方向。以市场化机制为主导，建立起了一套从研发到应用、产业化及配套服务在内的分工明确、协同发展的新材料产业政策体系。欧盟与美国类似，新材料产业政策以市场为主导，建立了框架计划、旗舰计划和相应配套措施的政策体系。日本政府将新材料技术作为科技立国战略之首，建立了以政府为主导，立国战略、基本计划、年度综合战略环环相扣、互为支撑，人才、知识、资金良性循环，政产学研用紧密结合的政策体系。

（一）设立高级别的统筹机构

高级别的统筹机构有利于跨部门、跨行业、高层次的资源整合、共享和方向聚焦，形成政策合力。美国历届政府都高度重视新材料产业发展，白宫科技政策办公室、总统科技顾问委员会等机构负责制定、发布新材料相关的战略、计划（如材料基因组计划）。1980 年美国颁布了《国家材料和矿物政策研究开发条例》。该条例明确要求总统对材料的发展进行计划、规划、组织和协调，并向国会提交报告，这使美国的材料研究提高到了总统级别。日本则是由内阁、经济产业省负责制定新材料相关战略及计划。

（二）正确处理政府与市场的关系

发达国家在处理新材料产业发展过程中政府与市场的关系时，主要依据新材料技术成熟度。美国在 1～3 级基础性、战略性、导向性研究中，以政府直接投入为主；在 4～6 级科研成果转化阶段，政府扮演着重要角色，通过直接资金支持、孵化器、公共采购、贷款担保、贴息等措施，推动研究成

果跨越"死亡之谷";在7~9级技术成熟度较高的产品成型阶段,主要依靠企业和产业资本等市场力量,政府主要关注公共服务平台建设。日本建立了政产学研用合作的新材料产业发展机制,其中,政府处于主导地位,政府和民间成立了一些中介机构,如产业技术综合研究所(AIST)、国立材料研究所(NIMS)、研究开发战略中心(CRDS)等。在科研成果和企业间牵线搭桥,这些科技中介机构通过公开募集的方式,委托企业完成各项新技术开发,并提供所需的研发费用,研发成果归国家所有,参与的企业享有优先使用权。据统计,这些科技中介机构每年把上百项重要科研成果成功转化为产品。

(三)保持政策的稳定性和持续性

新材料产业投资周期长、风险高,从研发、产业化到应用一般需要10~15年,甚至更长;新材料又是中间产品,下游用户采用新材料的壁垒高、难度大。发达国家和地区在扶持新材料产业发展过程中更加注重政策的延续性和体系化。美国自1991年将纳米技术正式列入"国家22项关键技术"以来,虽然历经多次修订,但一直将纳米材料作为国家的战略计划重点,保持了政策的稳定性和延续性。欧盟第六、第七研发框架计划和"地平线2020"计划,将新材料作为重点。日本五期国家科学技术基本计划,都将新材料列为发展的重点,指出要开发综合型材料研发系统、纳米技术和材料等。

(四)注重关键材料的安全供应保障

发达国家和地区将新材料作为支撑其他新兴技术、使能技术和重大技术,以及应对重大社会经济挑战的战略重点,高度重视关键原材料的供应和安全获取,加强其研发和储备。美国发布《关键材料战略》、欧盟列出"关键材料清单"。

(五)资金支持力度大,渠道多元化

美国每年用于材料领域的研究费用达千亿美元,欧盟仅一项石墨烯旗舰计划投入就达10亿欧元。发达国家依靠其成熟的资本市场,拓展多元化的资金渠道,特别是通过融资优惠政策、政府采购、互助基金等多种方式支持中小新材料企业的发展。日本除了在新材料方面给予较高的研究经费支持,在税制上也给予大力支持:对研究经费的增加额减税20%,减税限额最多只能相当于所得税的10%;对新材料试验研究费的税收,若有理由延期缴纳,

可延至任何时候偿还；对新材料的开发投资减税 10%，以鼓励民间从事新材料的技术开发活动。

（六）重视大中小企业密切合作的生态系统建设

发达国家的新材料企业主要分为以新材料为主业的大型跨国公司、大型装备企业的材料分公司，以及专业化的小型新材料公司，形成了大中小企业密切合作的生态系统。美国的一些州政府也会通过税收优惠等特殊政策，以及通过设立孵化园区等形式，给予中小企业一定的资金和政策扶持。

三、我国新材料产业发展现状及问题

（一）我国新材料产业政策体系不断完善

我国新材料产业政策经历了从无到有，从一般的战略性新兴产业通用政策，到出台针对性的专项政策措施并逐渐体系化的过程。2010 年 10 月，国务院发布的《关于加快培育和发展战略性新兴产业的决定》将新材料产业作为战略性新兴产业的重要内容之一。"十二五"期间，工业和信息化部编制出台了《新材料产业"十二五"发展规划》。"十三五"期间，成立了国家新材料产业发展领导小组和国家新材料产业发展专家咨询委员会。在国家新材料产业发展领导小组的统一领导下，通过"折子工程"，以"总盘子加专项"的方式，加强各部门新材料相关规划、计划、项目、资金统筹协调，实现"一本蓝图、分工合作、协同推进"。陆续出台了新材料产业发展指南、重点平台建设、重点新材料首批次应用保险补偿机制、新材料标准领航行动计划、新材料技术成熟度等级划分及定义、战略性新兴产业分类（2018）（新材料统计）等政策措施。山东、湖南、深圳、宁波等省市也出台了地方新材料政策。"十四五"期间，党的十九届五中全会提出"加快壮大新材料等产业"，《国民经济和社会发展第十四个五年规划和 2035 年远景目标纲要》提出"聚焦新材料等战略性新兴产业，培育壮大产业发展新动能"。《"十四五"原材料工业发展规划》提出要提高原材料工业供给高端化水平，其中的重要内容就是培育壮大新材料产业。我国新材料产业政策体系初步形成，并不断完善。

（二）不断完善的新材料产业政策推动产业发展

我国新材料产业政策的不断完善，有力地推动了新材料产业发展，产业规模迅速扩大、创新能力显著提高、应用水平不断提升、区域集聚效应初步形成,对国家重大工程、基础设施建设、民生保障、国防军工的支撑和保障能力稳步提升。

1. 产业规模迅速扩大

在国家和地方一系列政策推动下,我国新材料产业规模增长迅速。从2010年到2022年,我国新材料产业产值从6500亿元稳步扩大到6.8万亿元,规模增长10倍以上,在原材料工业占比达16.9%,占全球比重由9.6%上升到25%,处于由中低端产品自给自足向中高端产品自主研发、进口替代的过渡阶段,稳居全球新材料产业第二梯队,综合实力显著增强。从2010年到2022年,我国新材料产业产值年均增长率超过20%。即使是在疫情严峻的2020年和2021年,新材料产业增速也达到10.1%和17.3%,发展韧性强、潜力大、动力足,强力支撑了制造业的平稳发展。

2. 创新能力显著提高

国家先后出台了《增强制造业核心竞争力三年行动计划(2018—2020年)》《"十三五"材料领域科技创新专项规划》等创新政策,推动了新材料创新研发和产业化应用,创新能力显著提高。一些重点、关键新材料的制备技术、工艺技术取得实质性突破,性能指标大幅提升。例如,部分材料实现全球首创,引领世界发展。0.015mm"手撕钢"实现世界首创。国内永磁驱动电动机成功应用于国际首列350km/h速度等级的高速动车组。中科院世界首创的印刷纳米序构超材料打破了光学显微镜的衍射极限,应用于新冠病毒的特异性识别。中科院金属研究所研发出来的二维半导体 MoSi2N4 材料,丰富了二维材料的性质和应用,被认为是"二维材料发展的一个里程碑"。超纯净、超均匀集成电路材料取得突破。超导材料领域具备全球唯一的全流程生产能力,有序介孔高分子和碳材料研究实现国际引领。

3. 应用水平不断提升

国家出台了重点新材料首批次应用保险补偿机制、新材料生产应用示范平台等政策,以解决新材料产业上下游生产应用脱节问题;鼓励建设石墨烯、稀土、轻量化材料等领域国家制造业创新中心,推动产业化应用。稀土永磁材料在电子信息、风电、节能环保等领域的应用规模稳步扩大。锂离子电池材料在新能源、新能源汽车的应用快速增长。新型墙体材料、保温隔热材料等新型建材逐渐成为建筑工程的主流应用。集成电路及半导体材料、光电子材料等在电子信息产业的应用水平逐步提高。第三代铝锂合金成功实现在大

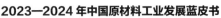

飞机上的应用。我国自主研发的一批新材料有力保障了航空航天、信息通信等重大装备重大工程，如复合材料主结构件应用于"天和号"空间站核心舱，铝合金厚板等应用于 C919 大飞机。

4. 区域集聚效应初步形成

2017 年，党的十九大报告中首次提出，要"推动先进制造业集群发展，构建一批各具特色、优势互补、结构合理的战略性新兴产业增长引擎"。《2022 年国务院政府工作报告》中再次强调：加快发展先进制造业集群，实施国家战略性新兴产业集群工程。各部门纷纷出台政策，推动先进制造业集群发展，包括科技部创新性产业集群、商务部经济技术开发区创新提升工程、国家发展改革委战略性新兴产业集群及工业和信息化部先进制造业集群竞赛等。《"十四五"原材料工业发展规划》中也提出，到"十四五"末，在原材料领域形成 5 个以上世界级先进制造业集群。政策的引导推动我国新材料产业集聚效应不断增强，总体呈现"东部沿海聚集，中西部特色发展"的空间布局。环渤海、长三角、珠三角等地区新材料综合性产业集群优势突出，中西部地区一批特色鲜明的新材料产业基地初具规模。常州、青岛、无锡等地全力打造从石墨烯研发到应用的全产业链产业集群；内蒙古包头、江西赣州等地充分利用稀土资源优势，形成了从冶炼分离、材料加工到下游应用的稀土产业集群。根据 2019 年国家发展改革委提出的 66 个国家级战略性新兴产业集群名单，全国共 9 家新型功能材料产业集群和 5 家先进结构材料产业集群，涉及福建、湖南、山东、河南、安徽、浙江、贵州、陕西、江西和新疆等地。2019 年起，工业和信息化部开展先进制造业集群竞赛，广东省深圳市先进电池材料集群、江苏省苏州市纳米新材料集群、浙江省宁波市磁性材料集群和江苏省常州市新型碳材料集群入选决赛。

（三）政策体系的不完善和政策着力点的偏差带来产业发展问题

由于我国新材料产业政策整体出台时间较晚，在标准体系建设、专用装备、上下游协同等方面尚有待完善，政策着力点出现偏差，导致产业发展总体规模偏小，整体发展水平偏低，研发与应用脱节现象严重，低端、重复建设现象突出，专用装备制造水平低，尚未形成大中小企业密切合作的生态系统，卡脖子的问题比较严重，难以为我国新兴产业发展和制造业转型升级提供有力支撑。

1. 整体发展水平偏低

虽然我国新材料产业取得长足进步，但与国外相比，整体发展水平仍然偏低，我国新材料产业仅有 10%左右的领域为国际领先水平，60%～70%的领域处于追赶状态，还有 20%～30%的领域与国际水平存在相当大的差距。我国高端轴承用钢全部依赖进口；电子化学品关键核心材料光刻胶的自主化率仅 5%左右；高端电池四大核心材料中的隔膜仍大量依赖进口。国外对我国实施的"卡脖子"项目中，一多半也属于新材料领域。

2. 研发与应用脱节

受政策、体制、机制、管理等诸多因素制约，我国新材料领域科技成果转化率和产业化率较低。据统计，目前我国每年取得 3 万多项省部级以上科技成果及 7 万多项专利技术，加上历年积累的科技成果则会更多，但科技成果转化率仅有 25%左右，真正实现产业化的成果不足 5%，专利实施率仅为 10%左右，与美国、日本等发达国家 80%的科技成果转化率差距甚远。例如，我国在红外光学窗口晶体 MgF2、热压 ZnS 等方面基础研究已达到世界领先水平，但从应用看，美国 II-VI 公司、Rohm & Haas 公司，以及 Phoenix Infrared 公司几乎垄断了全球技术与市场，而国内仅有极少数企业从事研发与小规模试制工作。此外，我国新材料研发仍以材料性能为导向，对于下游应用的需求了解不足，很多新材料的研发在一定程度上脱离了市场需求，不利于新材料在终端产品的应用。美国、日本等发达国家则更加注重上下游的融合发展，如日本碳纤维取得巨大发展，得益于东丽公司和波音公司的联合开发及应用。

3. 低端、重复建设现象突出

受制于技术、工艺等多种因素，部分新材料产品低端化趋势明显。例如，我国碳纤维多为性能和性价比都不高的低端产品，进口依赖度高达 80%。部分化工新材料产品，如特种橡胶领域的乙丙橡胶、丙烯酸酯橡胶等石油基特种橡胶和聚氨酯弹性体等热塑性弹性体，虽然已经国产化，但产品质量与进口产品差距较大，只能满足中低端要求。石墨烯应用虽然全球领先，但多集中在涂料、复合材料、服装纺织等规模大但对石墨烯的品质要求并不高的领域，产品附加值低，市场竞争力不强。此外，产业园区建设趋同，目前全国超过 80%的地区选择发展新材料产业，但发展方向存在严重趋同现象，鲜见"创新"，多为"模仿"。目前全国约有 19 个稀土产业园区，产业发展方向均包括稀土永磁、发光等稀土功能材料及其制品。

4. 专用装备制造水平低

目前我国新材料专用装备水平相对落后，仍以引进、消化和吸收为主，自主创新能力不足，很多高端设备必须依赖进口，价格昂贵，例如，高端合金粉末的制造设备、3D 打印材料生产所需的多种雾化设备均主要依赖进口，高速列车车轮车轴、700℃超临界发电用高温材料和关键零部件也严重依赖进口。此外，国际也针对一些高端装备对我国实施技术封锁，如 1996 年以美国为首的西方国家通过《瓦森纳协议》对我国采取高技术出口限制，其中，特种材料与相关设备是清单的一项重要内容，如航天航空特种材料中的碳纤维复合材料及相关设备都对中国实施了长期禁运。近期随着中美贸易战的白热化，美国甚至还可能将半导体设备列入出口管制名单，给我国相关装备的发展带来较大的阻力。

5. 尚未形成大中小企业密切合作的生态系统

美、日、欧等发达国家基本形成大型跨国材料企业与中小型专业材料企业协同发展的新材料企业生态系统，大型跨国公司正凭借其技术研发、资金和人才等优势占据主导地位，中小型公司则更加崇尚专业化、精细化，而我国新材料企业以中小型居多，缺乏具有国际竞争力的材料领军企业，企业普遍规模较小，且多集中在产品生产领域，虽然目前国内也拥有宝武钢铁、江西铜业、中国铝业等材料领军企业，但仍以传统材料为主，新材料占比较小。

四、现有新材料产业政策体系评估

（一）评估方法

本研究通过国务院及各部委的官方网站、清华大学公共管理学院政府文献信息系统、各行业协会网站等途径，采用网络数据采集、全文关键词检索等方法，收集整理了自新材料产业成为国家战略性新兴产业的重要组成部分至今 13 年间中央部委颁布的新材料产业主要相关政策（自 2010 年 10 月 18 日至 2022 年 12 月 31 日），形成我国新材料产业发展政策库（2010—2022 年）。

以此数据库为基础，借鉴李志军（2016）对我国企业创新政策体系的评估研究方法，首先按照新材料产业政策体系所包含的战略、产业、创新、资金、区域和环境营造六个方面对政策进行分类统计，其次依据所颁布政策的行政权力机构级别、参与制定的部门数量对每类政策的政策效力按一定标准进行赋值，最后从政策数量和政策效力两个维度对我国新材料产业政策体系进行量化评估。

（二）评估结论

总体来看，我国新材料产业政策体系逐渐完备，政策效力逐渐增强。从政策数量来看，出台政策较为集中的是 2012 年、2016 年和 2017 年，出台政策数分别达到 62 件、53 件和 53 件。2012 年和 2016 年都是"十二五""十三五"政策集中发布年份，2016 年成立了国家新材料产业发展领导小组，加大了对新材料产业的支持，2017 年和 2018 年出台的政策较多。其中，环境营造政策数量最多，区域和战略政策数量最少。从政策效力来看，随着政策的出台，以及政策体系的不断完善，政策效力也在不断增强。现有新材料产业政策体系已基本形成战略类、产业类、创新类和资金类，并涉及区域、人才、进出口、知识产权保护等领域。战略政策累计效力最高，区域政策累计效力最低。也就是说，目前的政策体系中区域政策出台数量少，政策效力低，亟须加强。

因此，从完备性来看，"十二五"期间，新材料产业政策围绕各部门职能展开，虽然各部门相应出台各项政策，但并未较好地形成合力。"十三五"期间，国家成立了由 23 个部门组成的国家新材料产业发展领导小组，并且建立了以新材料产业"折子工程"为抓手的统筹协调工作机制，此后出台的相关政策协调性进一步增强。2018 年之后，领导小组的统筹协调工作机制未能持续推进下去，协调性没能起到应有作用。主要体现在以下几个方面：

一是创新政策与产业政策不协调，科技、产业两张皮问题严重。据分析，32%的新材料创新政策与产业政策体现出了协同性，其余 68%没有体现出协同性。具体来看，在纳米、耐火、碳纤维、新型显示、生物基 5 个领域表现出协同性；而在高性能膜材料、高品质特殊钢、复合材料、硅材料等领域没有表现出协同性。

二是对新材料及新材料产业的界定不一致。在国家层面一直没有实现对新材料产品界定标准的统一，各部门均制定了各自的产品目录。为解决这一问题，2018 年发布战略性新兴产业统计分类，但尚未进一步推广应用。

三是中央与地方政策不协调，地方新材料产业政策难以落地等问题。

从政策分类评估来看：

战略政策。战略政策数量是最低的，但其政策效力是最高的。国家对新材料产业的发展重视程度越来越高，发文的层级越来越高。从 2017 年起，"新材料"一词连续 3 次出现在《政府工作报告》中。国家重大战略目标调整成为政策制定的催化剂，国家战略调整成为推动新材料产业发展的主要力量源泉。

产业政策。2016—2018 年是产业政策的爆发年。国家成立了新材料产业发展领导小组，加大对新材料产业的支持，有关新材料产业的技术、平台、首批次保险政策陆续出台，聚焦新材料产业化应用推广、产学研用脱节等问题施策。与此同时，政策效力也达到高点，政策制定参与机构明显增多，政策的协同性不断增强。不断完善新材料产业政策体系，推动我国新材料产业规模快速壮大、应用水平不断提升，新材料产业体系初步形成，产业集群空间布局日趋合理，部分新材料领军企业竞争力增强，并带来了初期市场培育效果显现、上下游合作机制成效显著、重点平台建设取得阶段性成果等成效。但产业政策精准度仍有待提升，尚未做好分类施策，缺乏针对大中小企业生态系统政策，以及缺乏对核心专用装备生产的支持等问题。

创新政策。创新政策数量和政策效力在 2012—2013 年达到高峰。支持范围基本覆盖了新材料创新链"基础研究—应用研究—中试—商品化—产业化"五个环节。在创新政策的支持下，新材料创新能力得到显著提高，相关论文、专利数量大幅提升，材料基因工程研究工作稳步推进，新材料国家实验室、工程（技术）研究中心、企业技术中心和科研院所实力大幅提升，创新环境不断优化，但同时仍存在对新材料领域的科技投入总体偏少，且缺乏长期稳定的支持，新材料技术成熟度标准尚未得到有效利用，科技成果转化率低等问题。

资金政策。资金政策数量和政策效力在 2017 年达到顶峰，累积政策效力在 2017 年后出现大幅增长。多为落实相关产业政策和创新政策。财政支持资金总量不断增加，投资基金快速发展，但仍存在资金总量偏少、方向分散、财政资金支持阶段与产业发展特征不匹配、中小型材料企业融资难等问题。

区域政策。区域政策数量最少，政策效力最低。内容主要以引导形成新材料产业特色集群为主。在政策的支持下，区域集聚效应不断增强，新材料产业基地建设蓬勃发展，仍存在与国家新出台重点区域战略协调性不足、重点区域和重点集聚区的支持政策弱、地方新材料产业园区发展规划存在趋同现象等问题。

环境营造政策。环境营造政策数量居六类政策之首，但呈逐年下降趋势，累计政策效力仅次于战略政策。重点加强对新材料标准、统计监测、技术成熟度评价、知识产权、公平贸易、人才培养、军民融合等方面的政策支持。在政策的支持下，逐步开展新材料人才培训，标准化工作进展顺利，公平贸易引起重视，筹建了一批行业联盟，发展氛围愈发浓厚，但在人才培养和引进、知识产权保护、公平贸易、军民融合等方面仍需进一步强化。

五、新时代我国新材料产业发展新要求

（一）对新材料产业发展新要求

一是坚持创新是第一动力。新材料的发展离不开技术的支撑，而关键核心技术的突破必须依靠自主创新，目前创新能力不强已经成为制约我国新材料行业发展的突出问题。二是坚持高质量发展。随着我国经济发展步入新常态，行业转型升级步伐加快、应用环境复杂多变、环境资源限制日益突出、替代材料竞争日趋激烈等因素都对新材料的高质量发展提出新要求，要适应不断变化的应用环境，满足下游用户不断升级的需求。三是坚持培育世界级先进制造业集群。新材料作为制造业产业链的上游，培育新材料产业集群可为世界级先进制造业集群带来基础和保障，加快产业集聚，推进产业转型升级，增强经济发展后劲。四是坚持绿色发展。新材料在生产和消费过程的环境绩效、低碳绿色发展被赋予了新内涵和新要求，生产过程除了要加大应用节能减排新技术、新设施，提升末端治理水平，更应注重产品的全生命周期管理。五是坚持更高层次的开放型发展。我国新材料产业亟须在资源保障，新材料的研发、标准制定，专利和创新平台等方面加强国际交流合作，积极拓展国际市场，融入全球高端制造供应链体系。

（二）对新材料产业政策新要求

随着世界贸易保护的抬头和贸易摩擦的加剧，我国迫切需要建立自主可控的新材料供给体系，实现核心关键材料和产业链关键环节自主可控，以保障国家产业安全和经济安全。一是由国内政策向开放型政策转变。新时代的政策体系要更加注重在新的国际环境下，在世界贸易组织规则空间范围内，更加充分发挥市场配置资源的决定性作用，实施更加有效的产业政策。从全球产业格局变动考虑相关产业政策设计。二是由选择性产业政策向功能性产业政策转变。充分发挥市场配置资源的决定性作用，以及政府弥补市场失灵

的作用，以功能性产业政策逐步取代选择性产业政策。三是由静态政策向动态调整政策转变。当前我国新材料产业相关政策呈现"碎片化"，缺乏对产业动态演变的持续性监测评估。应建立政策效率的过程节点评估机制，使得政府能够依据演变新形势对政策资源进行动态再分配；创新产业政策、资金等支持模式，激励措施需因产业新业态、新模式而适时调整。

六、新时代我国新材料产业政策体系建设建议

新时期我国新材料产业政策体系框架，应按照"一本蓝图、分工合作、协同推进"的原则，由国家制造强国领导小组总体部署新材料产业发展，统筹研究重大政策、重大工程和重要工作安排，协调解决重点难点问题，由各地区政府、各部门配合落实，形成协同、创新、务实的政策体系框架。

（一）强化高级别统筹协调机制

强化国家制造强国领导小组对新材料产业发展的统筹协调作用，加强对培育和发展新材料产业工作的宏观指导，监督相关重大政策措施的落实，研究协调产业发展中的重大问题。强化工信、发改、科技等各部门在新材料规划、政策、重大问题中的统筹协调，加强专项资金和重大项目的衔接，形成跨部门的工作合力。

（二）加强八条政策措施

1. 加大技术成熟度的应用

探索将新材料技术成熟度纳入科技成果管理，优先选择成果形式单一、研发阶段明显的新材料研发及产业化项目开展技术成熟度评价体系的试点应用，将新材料技术成熟度评价作为项目立项论证、中期检查和结题验收的重要内容。推行新材料技术成熟度第三方独立评价体系，培养熟练掌握新材料技术成熟度评价方法的人才。对社会关注度较高的石墨烯、碳纤维等重点领域优先开展技术成熟度评价，为政府决策、社会投资、用户选材提供依据。

2. 实施分类的精准产业政策

根据新材料产业不同种类、不同发展阶段，分类施策。对产业相对成熟的先进基础材料，重点健全相关产品标准、提升产品质量、规范市场环境，加快产品的优化升级。对国产化率、自主化率偏低的关键战略材料，通过专项扶持、财政补贴、政府采购等措施，加快完善产业链，构建产业发展体系，

实现应用突破和国产化替代。对尚在探索产业化方向的前沿新材料，加大在基础研究和原始创新的投入，抢占国际制高点。

3. 加强对成果转化阶段的支持

综合运用资金补助、贷款贴息、贷款担保、基金投入、应用奖励、产业政策倾斜、税收优惠等多种手段，加大对生产应用示范平台、测试评价平台、资源共享平台、国家制造业创新中心等综合性平台建设的支持，充分发挥科研院所、企业、设计单位、下游用户的合力作用，推动产用衔接。继续扩大新材料首批次保险的实施范围，鼓励在关系国民经济命脉的重要行业和重点产业、重大基础设施、重大建设项目等领域，优先使用首批次应用示范目录产品。

4. 拓宽多元化融资渠道

利用制造业转型升级产业发展基金，引导社会资金支持新材料等重点产业发展。有条件的地方可按照有关规定设立主要支持新材料产业发展的股权投资基金或创业投资基金。鼓励金融机构探索在新材料等战略性新兴产业领域，建立客户准入、信贷审批、风险偏好、业绩考核等信贷管理政策，择优支持新材料等重点企业。支持商业银行建立首批次保险补偿企业贷款的绿色通道，简化审批程序，缩短审批时间，积极开展专利担保贷款、未来收益抵押贷款等业务。研究支持新材料企业产业化初期税收政策，探索企业试生产费用加计扣除措施。充分利用高新技术企业税收优惠政策，加大对首批次新材料产品生产企业的支持力度。

5. 加强人才团队建设

鼓励高校充分利用国内外优质教育资源共建一批高水平材料类学科专业。鼓励有条件的高校与新材料企业联合办学，培养应用型技术技能人才，加大新材料专业师资队伍、教学实验室、特色材料研究院和实习实训基地建设。设立新材料人才发展和境外培训专项资金，加快新材料高层次人才引进和境外培训。支持企业开展人才培养和国际人才引进，相关支出可计入企业研发投入。率先在大型国有新材料企业建立首席材料官。重点新材料产业集聚区要建立人才专项政策，制定人才培养和引进计划，促进人才集聚。

6. 加强知识产权和标准建设

构建新材料产业知识产权工作机制，深入推进新材料领域专利导航、知识产权评议试点、知识产权集群管理、知识产权风险评估与预警。探索建立新材料知识产权专项资金，支持专利池建设、知识产权运用推广，培育一批

高价值新材料专利。建立新材料产业专利优先审查通道和快速维权与维权援助机制，开展重点新材料领域知识产权专项执法，打击各类侵权行为，探索建立惩罚性赔偿制度。实施新材料标准领航行动，推动新材料产业标准化试点示范，建设一批新材料产业标准化示范企业和园区。支持新材料团体标准发展，加大团体标准应用示范和采信力度。

7. 营造公平贸易环境

根据新材料首批次推广应用情况，适时调整《鼓励进口技术和产品目录》《重大技术装备和产品进口关键零部件、原材料商品清单》《进口不予免税的重大技术装备和产品目录》，取消首批次目录中同类产品进口环节的税收优惠政策；对设备必须进口的关键零部件、原材料，免征进口关税和进口环节增值税。积极支持新材料企业运用贸易救济、反垄断等方式维护公平竞争秩序，引导并支持新材料企业做好贸易摩擦应对。支持新材料企业"走出去"，建立境外营销网络和研发中心，到境外自贸区开展加工。进一步放宽外资投资条件，鼓励外资投向新材料产业。

8. 加强军民融合

发布《军民两用重点新材料目录》，推动军民领域新材料合作发展。开展军民共用新材料体系建设，整合精简军民共用新材料牌号。完善军工科技成果转化相关政策，开展联合孵化、专利转让、技术入股和知识产权托管等工作。逐步扩大国防科技重点实验室、国防科技创新中心等军工科研设施向民用单位开放程度。降低民营企业参与军品生产门槛，优化认证流程，缩短认证周期，积极稳妥推进"民参军"相关工作。通过军品采购、价格等改革，促进民用企业参与军民共用新材料的研发和配套，鼓励军工企业开展首批次示范应用。

（三）新增三条政策措施

1. 加强核心专用装备支持

充分发挥新材料专家咨询委、行业协会、企业等力量，梳理制约新材料产业发展的核心专用装备目录，拟定技术需求清单。对已经实现国产化的核心专用装备争取列入首台套目录，对新材料企业用于研发且国内无法生产的大型设备仪器、中试设备，以及大型专用生产设备，在现有政策范围内，给予进口税收优惠。完善《国家支持发展的重大技术装备和产品目录》，将亟须且国内不能满足的新材料关键生产设备纳入目录。

2.　培育大中小企业密切合作的生态系统

鼓励大企业联合科研机构建设新材料协同创新公共服务平台，向中小材料企业提供服务，降低中小企业创新成本，支持大企业带动中小企业共同建设制造业创新中心，充分发挥大企业的引领支撑作用。推动中小企业"专精特新"发展，培育新材料领域的"小巨人"企业和制造业单项冠军企业，鼓励中小企业以专业化分工、服务外包、订单生产等方式与大企业建立稳定的合作关系。

3.　培育世界级新材料产业集群

在"十四五"规划中考虑对新材料产业发展的总体布局与雄安新区、长江经济带、粤港澳大湾区等国家重要区域政策相结合。以重点区域为基础，突破材料上下游界限，依托资源、产业、市场优势等建设特色新材料产业集群，打造重点集聚区。借鉴"飞地经济模式"，解决重点集聚区打造过程中的跨行政区划限制难题。抓好龙头企业培育，加快科技含量高、配套能力强的关联性企业项目，延伸产业链条，壮大集群规模，提高产业集群的国际竞争力。

后　记

　　为全面客观地反映 2023 年中国原材料工业发展状况，并对 2024 年原材料工业发展状况做出预测，在工业和信息化部原材料工业司的指导下，中国电子信息产业发展研究院材料工业研究所编撰完成了《2023—2024 年中国原材料工业发展蓝皮书》。

　　本书由秦海林担任主编，肖劲松、张海亮为副主编，张海亮负责统稿。各章节编写分工如下：曾昆编写第二、三十章，张波编写第一、三、三十章，车超编写第一、四、三十章，王本力编写第一、五、三十章，周艳晶编写第一、六、三十章，李丹编写第一、七、三十章，王敏编写第八、九、十、十一章，申胜飞编写第十二、十三、十四、十五、十六章，李茜编写第十七、十八、十九、二十、二十一章，安文瀚编写第二十二、二十三章，毛晓阳编写第二十四、二十五、二十六、二十七、二十八章，苏小坡编写第二十九章，马琳编写前言和后记，商龚平编写附录。上述编写安排中有相同章号的章节，属于多人共同编写。

　　在本书的编撰过程中得到了相关省市和行业协会领导、专家提供的资料素材，特别是得到了李明怡、李岩等专家提出的宝贵修改意见和建议，在此表示衷心感谢。由于编者水平有限，本书难免有疏漏、错误之处，恳请读者批评指正。如借此能给相关行业管理机构、研究人员和专家学者带来些许借鉴，将不胜荣幸。

中国电子信息产业发展研究院